Seo é mo chreideamh

Eagarthóir: Susannah Steel
Dearthóir: Claire Legemah
Eagarthóir Sinsearach: Fran Jones
Eagarthóirí Ealaíne: Sheila Collins, Jacqui Swan
Eagarthóir Bainistíochta: Linda Esposito
Eagarthóir Bainistíochta Ealaíne: Jane Thomas
Bainisteoirí Foilsitheoireachta: Caroline Buckingham,
Andrew Macintyre
Stiúrthóir Ealaíne: Simon Webb
Dearthóir DTP: Siu Yin Chan
Taighde pictiúr: Fran Vargo
Leabharlann pictiúr DK: Karl Stange
Stiúrthóir Léiriúcháin: Ally Lenane
Comhairleoir: An Dr. Peter Connolly
Leagan Gaeilge: Tadhg Mac Dhonnagáin
Clóchur agus Dearadh Gaeilge: Karen Carty, Anú Design

Foilsithe den chéad uair sa Bhreatain Mhór i 2005
ag Dorling Kindersley Limited
faoin teideal "A Faith Like Mine"

© 2005 Dorling Kindersley

© 2009 Futa Fata – an leagan Gaeilge

ISBN 978-1-906907-06-8

An Chomhairle um Oideachas
Gaeltachta & Gaelscolaíochta

Ba mhaith le Futa Fata buíochas a ghlacadh leis an gComhairle um Oideachas
Gaeltachta agus Gaelscolaíochta a thacaigh le foilsiú an leabhair seo.

Seo é mo chreideamh

Reiligiúin na cruinne – trí shúile páistí
a chreideann iontu

Laura Buller

Futa Fata
An Spidéal

Clár

Shivani as an Astráil, leathanach 18

Jang-chub as an Tibéid, leathanach 24

Hasini as Srí Lanca, leathanach 30

Gurkaran as an India, leathanach 40

Dan as an Airgintín, leathanach 45

Antonino as an Iodáil, leathanach 54

Corinne as an tSualainn, leathanach 56

Rachid as Maracó, leathanach 64

Yasmin as an mBreatain, leathanach 67

Tábhacht an chreidimh

DO NA MILLIÚIN DAOINE AR FUD AN DOMHAIN, is rud an-tábhachtach ina saol é an creideamh. Guíonn siad, creideann siad agus fanann siad dílis dá gcreideamh. Sa leabhar seo, míneoidh páistí ó gach aird den domhan duit cén tábhacht atá lena gcreideamh féin ina saol.

Creideamh Saíceach atá ag an teaghlach seo – ní bhearrann siad a gcuid gruaige riamh.

Do chreideamh agus do mhuintir

Má tá creideamh agat féin, seans maith gurb ó do mhuintir a fuair tú é. Seans go raibh tú páirteach sa chreideamh sin ó bhí tú an-óg. De réir mar a d'fhás tú suas, ghlac tú páirt i searmanais éagsúla creidimh. Is minic gur lá mór duit féin, do do thuismitheoirí agus do do sheantuismitheoirí iad na searmanais seo.

Leabhar naofa Hiondúch, scríofa sa tseanteanga, Sanscrait.

Briathar Dé

Fadó, thugadh daoine a gcreideamh dá gcuid páistí trí labhairt leo. De réir a chéile, thosaigh daoine ag scríobh síos na smaointe agus na ceachtanna a bhain lena gcreideamh. Tá leabhar naofa ag beagnach gach creideamh anois. Insíonn na leabhair speisialta seo scéal an chreidimh agus tugann siad cúnamh do dhaoine an bóthar ceart a leanacht sa saol. Seans go bhfuil tú féin tar éis scéalta a chloisteáil ó cheann de na leabhair speisialta seo.

Creideamh agus traidisiún

Traidisiún a thugtar ar nós speisialta á bhíonn á chleachtadh ag daoine ó ghlúin go glúin. Má tá creideamh agat, seans go bhfuil traidisiún ag do mhuintir féin a bhaineann leis an gcreideamh sin. Mar shampla, b'fhéidir go dtagann sibh le rudaí speisialta a dhéanamh nó le cineálacha speisialta bia a ithe, nuair a dhéanann sibh ceiliúradh ar thraidisiún creidimh lena chéile – faoi Nollaig, mar shampla.

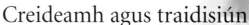

Caitheann na buachaillí seo ó Ghuatamala éadach speisialta agus iad ag glacadh páirte i mórshiúl i gcaitheamh sheachtain na Cásca.

Creideamh agus an scoil

Is rud an-tábhachtach i saol duine óg é an t-oideachas. Cabhraíonn an scoil agus an t-oideachas leat an saol a thuiscint. Ceapann go leor daoine go bhfuil sé an-tábhachtach an creideamh a úsáid chun foghlaim faoin tslí is fearr le do shaol a chaitheamh. Mar sin, téann go leor páistí ar fud an domhain chuig scoileanna a bhaineann lena gcreideamh féin. Bíonn siad in ann eolas níos fearr a chur ar a gcreideamh agus ar na traidisiúin a bhaineann leis – agus ábhair eile a fhoghlaim ag an am céanna.

Sionagóg – teampall Giúdach, in Iostanbúl na Tuirce

Creideamh agus an pobal

Tugann do chreideamh do mhuintir féin le chéile. Tugann sé comhluadar níos mó ná do mhuintir le chéile chomh maith. Sin é pobal an chreidimh. Cé gur rud príobháideach é an creideamh go minic, is maith le daoine a gcreideamh a roinnt le daoine eile nuair a thagann siad le chéile ag seirbhís chreidimh.

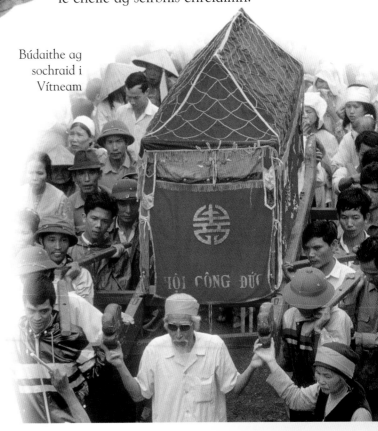

Búdaithe ag sochraid i Vítneam

Moslamaigh óga ag léamh an Chóráin, sa Nígéir.

Creideamh agus dóchas

Cén fáth go dtarlaíonn drochrudaí? Céard a tharlaíonn tar éis dúinn bás a fháil? Cuireann an creideamh freagraí ar fáil do na ceisteanna seo. Deir cuid de na reiligiúin go bhfuil anam ag gach duine agus go dtiocfaimid ar ais ar an saol arís, mar dhuine nó mar rud eile beo. Deir reiligiúin eile go n-imeoimid ar neamh, má bhímid go maith ar an saol seo. Má bhíonn súil againn le saol eile tar éis an bháis, tugann sé sin dóchas dúinn faoin méid a tharlóidh dúinn amach anseo.

Creidimh thraidisiúnta

CÉARD IAD NA RÉALTAÍ, agus cé a rinne iad? Is óna gcreideamh a thriail daoine riamh freagraí a fháil ar cheisteanna mar sin. Is rud an-sean é an creideamh. Cuid de na chéad reiligiúin a bhí ann, tá dearmad iomlán déanta anois orthu. Ach tá roinnt seanchreidimh thraidisiúnta ann atá fós beo. Cuireann na seanchreidimh seo síos ar spioraid, spioraid atá in ann saol an duine a athrú.

Seanchreidimh

Tá go leor seanchreidimh ann nach gcreideann duine ar bith iontu níos mó. Bhí daoine ann fadó a raibh déithe (níos mó ná dia amháin) agus bandéithe (déithe a bhí ina mná) acu. Bhíodh féastaí agus searmanais acu in onóir na seandéithe seo. Seo pictiúr de Huros, dia na spéire a bhí ag na hÉigiptigh.

Seaman (fear naofa) agus masc air, i Srí Lanca

An saol nádúrtha

Creideann go leor daoine go bhfuil cumhacht speisialta ag baint leis an saol nádúrtha. Rinne duine bundúchasach ón Astráil an pictiúr seo. Pictiúr de "aimsir na brionglóide" atá ann – an uair, fadó, a rinneadh gach rud atá ar an saol. Creideann na bundúchasaigh go raibh siad beo san Astráil ó thús an tsaoil. Dar leo, tá an-tábhacht leis an gceangal atá ag an duine leis an talamh, leis na plandaí agus leis na hainmhithe ina thimpeall.

Saol na spiorad

Sna creidimh thraidisiúnta, is minic go mbíonn cur síos ar spioraid atá beo inár dtimpeall, spioraid nach bhfuilimid in ann a fheiceáil. Tá siad gach áit agus is féidir leo ár saol a athrú. Bíonn daoine ag ofráil bronntanas do na spioraid seo. Tugann seaman, (fear naofa nó fear leighis), cúnamh dóibh labhairt leis na spioraid. Creideann daoine go n-éireoidh go maith leo sa saol, má choinníonn siad na spioraid sásta.

Searmanais agus deasghnátha

Tá deasghnátha nó searmanais speisialta ag gach reiligiún le haghaidh laethanta móra sa saol, ó bhreith go bás. Tá féilte agus féastaí ag gach reiligiún, le laethanta móra i stair an chreidimh a chomóradh, nó le bliain nua nó séasúr nua a cheiliúradh. Is minic go mbíonn ceol nó damhsa mar chuid den cheiliúradh seo. Tá na buachaillí seo, bundúchasaigh ó Mheiriceá, ag glacadh páirte i rince reiligiúnach ag *pow-wow*, nó teacht le chéile mór.

Áiteanna beannaithe

Do na daoine a bhfuil an creideamh Sinteoch acu, is áit an-speisialta é Sliabh Fuji (thuas). Tá cónaí ar chuid mhaith déithe ann, a chreideann siad, agus chomh maith leis sin, tá an sliabh suite in áit an-speisialta, i gcroílár an domhain. Tá áiteanna speisialta ag beagnach gach creideamh – sliabh nó tobar nó abhainn naofa, b'fhéidir, nó teampall, nó séipéal speisialta. Creideann daoine go bhfuil cónaí ar spioraid sna háiteanna seo, spioraid a bhfuil cumhacht láidir acu.

Buachaillí bundúchasacha ó Mheiriceá agus éadach traidisiúnta orthu

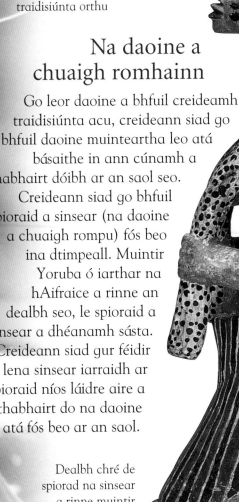

Na daoine a chuaigh romhainn

Go leor daoine a bhfuil creideamh traidisiúnta acu, creideann siad go bhfuil daoine muinteartha leo atá básaithe in ann cúnamh a thabhairt dóibh ar an saol seo. Creideann siad go bhfuil spioraid a sinsear (na daoine a chuaigh rompu) fós beo ina dtimpeall. Muintir Yoruba ó iarthar na hAifraice a rinne an dealbh seo, le spioraid a sinsear a dhéanamh sásta. Creideann siad gur féidir lena sinsear iarraidh ar spioraid níos láidre aire a thabhairt do na daoine atá fós beo ar an saol.

Dealbh chré de spiorad na sinsear a rinne muintir Yoruba na Nigéire

Creideamh ar fud na cruinne

CÉN ÁIT AR DOMHAN a bhfuil fáil ar na reiligiúin mhóra? Breathnaigh ar an mapa seo go bhfeicfidh tú. Taispeánann na dathanna éagsúla cé na reiligiúin éagsúla atá i ngach tír. Ach tá an scéal níos casta ná sin. Cé gurb í an Chríostaíocht fós an creideamh is mó ar domhan, mar shampla, tá reiligiúin eile - Ioslam, an Hiondúchas agus an Búdachas, cuir i gcás, ag fás go tréan. Agus ar ndóigh, tá na milliúin duine ar fud an domhain nach bhfuil creideamh ar bith acu.

Daoine éagsúla, creidimh éagsúla

Sa leabhar seo, casfaidh tú ar pháistí ó gach áit ar domhan, páistí a tógadh le creideamh atá éagsúil, b'fhéidir, ó do cheann féin. Seans nach n-aontóidh tú leis na rudaí a gcreideann siad ann, ach mar sin féin ba chóir duit meas a bheith agat ar a gcreideamh. Tá ceart ag gach duine a gcreideamh féin a bheith acu.

AN GHRAONLAINN
(leis an Danmhairg)

AN ÍOSLAINN

ALASCA
(Le SAM)

CEANADA

AIGÉAN CIÚIN

STÁIT AONTAITHE MHEIRICEÁ

AIGÉAN ATLANTACH

ÉIRE

AN RÍC
AONTA

AN PHORTAINGÉIL

AN SF

AN
AND

MARACÓ

SAHÁRA THIAR
(faoi dhíospóid)

AN

NA BAHAMAÍ
AN PHOBLACHT DHOIMINICEACH

CÚBA

IAMÁICE
AN BHEILÍS
HONDÚRAS

MEICSICEO

PÓRTÓ RÍCE
(le SAM)

HÁITÍ

AN tSEINEAGÁIL
AN GHAIMBIA
GUINE
BHISSAU
SIARRA LEON

AN MHÁRATÁIN

M

AN GHUINE
BUIRC
FA

GUATAMALA
AN tSALVADÓIR
NICEARAGUA
CÓSTA RÍCE
PANAMA

OILEÁIN NA TRÍONÓIDE AGUS TÓBAGO

VEINISÉALA
AN GHUÁIN

GUÁIN NA FRAINCE

AN tSILE

AN LIBÉIR

AN CÓSTA EABHAIR

GÁNA
AN TO

OILEÁIN GALÁPAGOS
(le hEACUADÓR)

EACUADÓR

AN CHOLÓIM

SURANAM

PEIRIÚ

AN BHRASÁIL

AN BHOLAIV

PARAGUA

AN tSILE

AN AIRGINTÍN

URUGUA

AIGÉAN ATLANTAC

AN tSILE

OILEÁIN FHÁCLAINNE
(leis an Ríocht Aontaithe)

Ag scaipeadh an scéil

Thosaigh gach creideamh in áit amháin ar domhan. Tá na reiligiúin mhóra tar éis scaipeadh ar fud na cruinne. Tá cúpla fáth leis sin. Uaireanta, d'fhág daoine a dtír féin chun obair a fháil áit éigin eile agus thug siad a gcreideamh féin leo. Daoine eile, d'imigh siad chun cónaithe i dtíortha eile chun a gcreideamh féin a mhúineadh do na daoine ann. Fadó, tar éis cogaidh, chuireadh an buaiteoir brú ar na daoine a chaill an cogadh a gcreideamh a athrú.

Creidimh na cruinne – eochair

- An Chríostaíocht
- Ioslam
- An Búdachas
- An Hiondúchas
- An Giúdachas
- An Saíceachas
- Creidimh thraidisiúnta
- Gan aon chreideamh
- Áit nach bhfuil cónaí ar éinne ann

Taispeánann na dathanna seo ar clé cá bhfuil fáil ar na creidimh éagsúla ar an mapa. I dtíortha áirithe, an India, mar shampla, creideamh amháin atá ag formhór na ndaoine – an Hiondúchas. I dtíortha eile, léiríonn pátrún straidhpeanna a bhfuil dhá dhath ann go bhfuil dhá chreideamh mhóra sa tír sin – an Chríostaíocht agus Ioslam, mar shampla, sa Nigéir, in iarthar na hAfraice. Tá tíortha eile ann nach bhfuil creideamh ar bith ag formhór na ndaoine – an tSín, cuir i gcás. Taispeánfaidh na mapaí beaga a fheicfidh tú ar na leathanaigh a bhaineann leis na creidimh éagsúla cé mhéad duine a leanann na reiligiúin éagsúla.

Siombail

Úsáidtear an tsiombail seo leis an bhfuaim is speisialta agus is beannaithe sa Hiondúchas a scríobh – "aum" nó "om". Fuaim Dé atá san "om" agus tá gach rud i gceist leis – gach rud san am atá caite, san am atá anois ann agus san am atá le teacht. Gach maidin canann Hiodúigh an fhuaim bheannaithe "om".

Leabhar beannaithe

Na Véidí a thugtar ar cheithre leabhar beannaithe na Hiondúch. Ciallaíonn véide "fís" – sé sin a bheith in ann feiceáil, nó "saíocht" – sin eolas speisialta. Focal Dé atá sna paidreacha agus na hiomainn sna Véidí, dar leo.

Taispeántar Krishna le craiceann dorcha gorm. Ciallaíonn an t-ainm Krishna "dath na spéire san oíche".

Krishna

An Hiondúchas

Seanchreideamh é an Hiondúchas a d'fhás amach as na cineálacha éagsúla creidimh atá ag daoine san India leis na mílte bliain. Mar sin, ní reiligiún amháin atá ann, ach grúpa reiligiún. Creideann an chuid is mó de na Hiondúigh i nDia, cé go bhfuil ainmneacha éagsúla aige air nó uirthi. Creideann siad chomh maith go dtagann an duine ar ais ar an saol i gcorp eile, tar éis dó bás a fháil.

Ainmneacha éagsúla ar Dhia

Creideann formhór Hiondúch go bhfuil Dia i ngach áit. Is cuid de Dhia é an saol nádúrtha ar fad. Tá go leor, leor déithe agus bandéithe ag na Hiondúigh agus tá go leor a bhfuil cuma duine nó ainmhí orthu. Is cuid iad ar fad de Dhia amháin. Creideann go leor Hiondúch go speisialta i ngrúpa amháin déithe a bhfuil trí phearsa ann – sin iad Bráma, a rinne gach rud, Síve, a dhéanann spás le haghaidh rudaí nua beo agus Visniú, a choinníonn rudaí beo.

Ceithre éadan atá ar Bhráma, leis na ceithre Véide a rá.

Ainmhí naofa

Tá na páistí seo i Neipeal ag leagan láimhe ar bhó naofa, le go mbeidh an t-ádh orthu. Múineann an Hiondúchas gur rud beannaithe é gach rud beo. Tá an bhó fíorbheannaithe, dar leo, mar sin bíonn an-mheas uirthi.

Scriosann Síve rudaí – sin é an fáth go mbíonn sí ag damhsa i gciorcal tine.

Déithe agus bandéithe

Leanann go leor Hiondúch dia amháin – dia a bhfuil baint speisialta aige nó aici lena saol féin.

AGNI	Dia na tine, an Dia a thugann aire don teach
DEVI	Bandia, máthair na nDéithe
GAINÉIS	An Dia a chuireann rath ar rudaí
KRISHNA	Dia an ghrá agus Dia an áthais naofa
PARVATI	Bandia an ghrá
SARASVATI	Bandia na fírinne
SÍVE	Bandia a scriosann rudaí agus a dhéanann arís iad
SRI-LAKSHMI	Bandia an airgid agus na háilleahta
VISNÍU	An Dia a thugann cosaint duit

Cloigeann eilifinte atá ar Ghainéis

Hiondúigh ag guí agus ag adhradh

Tugann Hiondúigh puja ar chaint le Dia. Creideann siad go bhfuil Dia i ngach rud, mar sin bíonn meas acu ar gach rud sa saol. Bíonn cineál altóra nó scrín acu sa bhaile. Tá séipéil chomh maith acu – teampall a thugann siad air. An rud is tábhachtaí i dteampall nó i scrín ar bith ná pictiúr nó dealbh de dhia nó de bhandia. Creideann Hiondúigh go bhfuil cónaí ar na déithe sa scrín. Nuair a bhreathnaíonn tú ar an dealbh, tá sé ar nós go bhfuil tú ag breathnú ar an dia féin.

Scrín bhaile in onóir visniú.

Aibhneacha beannaithe

Áit bheannaithe í an abhainn do na Hiondúigh. Nuair a níonn siad iad féin san abhainn, níonn siad a gcorp, agus níonn siad a spiorad chomh maith de na peacaí atá déanta acu. San India, is í an Ghainséis an abhainn naofa is cáiliúla dá bhfuil ann. Tagann na mílte Hiondúch ann ar oilithreacht – sin turas speisialta chuig áit naofa.

Tagann daoine chuig an nGainséis ag Varanasi, i dtuaisceart na hIndia.

Laethanta móra

Bíonn beannú speisialta ann nuair a rugtar páiste Hiondúch. Tugann sagart ainm don pháiste ag searmanas speisialta. Bearrtar gruaig an pháiste chun a spiorad a dhéanamh glan.

Cá bhfuil cónaí ar Hiondúigh?

San India a cuireadh tús leis an Hiondúchas

Tá cónaí ar an gcuid is mó de na Hiondúigh – thart ar 95% acu – san India. Tá pobail Hiondúcha eile ann san Afraic, san Eoraip agus i Meiriceá Thuaidh.

Féilte móra

Holi Féile an Earraigh – Bliain nua na Hiondúch *Feabhra/Márta*
Mahasivaratri Féile Shíve *Márta*
Ram Navami Lá breithe Rami *Aibreán*
Janamashtami Lá breithe Krishna *Lúnasa*
Navaratri Naoi n-oíche speisialta don Bhandia Durga *Fómhair/ Deireadh Fómhair*
Dussehra Féile scéal Rama (*an lá i ndiaidh deireadh Navaratri*)
Divali Féile solais *Deireadh Fómhair/Samhain*

Féile na Soilse

DIVALI

Aman as an Ind

Is mise Aman agus tá mé trí bliana déag d'aois. Is breá liom ealaín agus spórt agus casaim ceol ar an bpianó agus ar an ngiotár. Domsa, an rud is deise faoin Hiondúchas ná go bhfuil cead againn ár gcreideamh a leanacht mar is maith linn féin. An fhéile is deise liom ná Divali. Bíonn gach duine sásta an lá sin, agus bíonn na sráideanna agus na tithe lán le soilse.

Lasaimid soilse don Rí Rama

Cuimhnímid ar an mbua a bhí ag an Rí Rama ar Ravana gránna. Lasaimid soilse leis an mbealach abhaile a thaispeáint do Rama agus dá bhean.

Bíonn an spéir lasta suas oíche Divali

Féile na soilse atá i gceist le Divali. Nuair a thagann an oíche, is breá liom féin agus mo chairde breathnú ar na soilse daite a bhíonn ag pléascadh ar fud na spéire. Roimhe sin, bím ag guí le mo Mhamó is le mo Dhaideo.

Tinte ealaíne i gcomhair Divali

Lakshmi, Bandia an tsaibhris

Péinteálaimid rangoli – pátrúin speisialta

Déanaimid rangoli, pátrúin speis as bláthanna, le leagan taobh an den doras. Cuireann rangoli fc roimh an mBandia Lakshmi. thagann sise ar cuairt, beid bhliain atá romhainn go n

Sasana

Is breá liom Divali anseo i Sasana, mar nuair a lasaimid na coinnle ar fad, bíonn an teach s'againne difriúil ó na tithe eile ar fad agus bíonn sé go hálainn.

Shubhi

Ceanada

Bíonn jab speisialta agamsa oíche Divali – bíonn orm na soilse speisialta, na diya, a leagan amach timpeall an tí agus an chéad cheann a lasadh. Bím ag smaoineamh ar Lakshmi agus í ag teacht chuig an teach s'againne. Tugann Divali seans dom mo chreideamh Indiach a thuiscint, cé go bhfuil cónaí orm féin i bhfad ón India.

Aashti

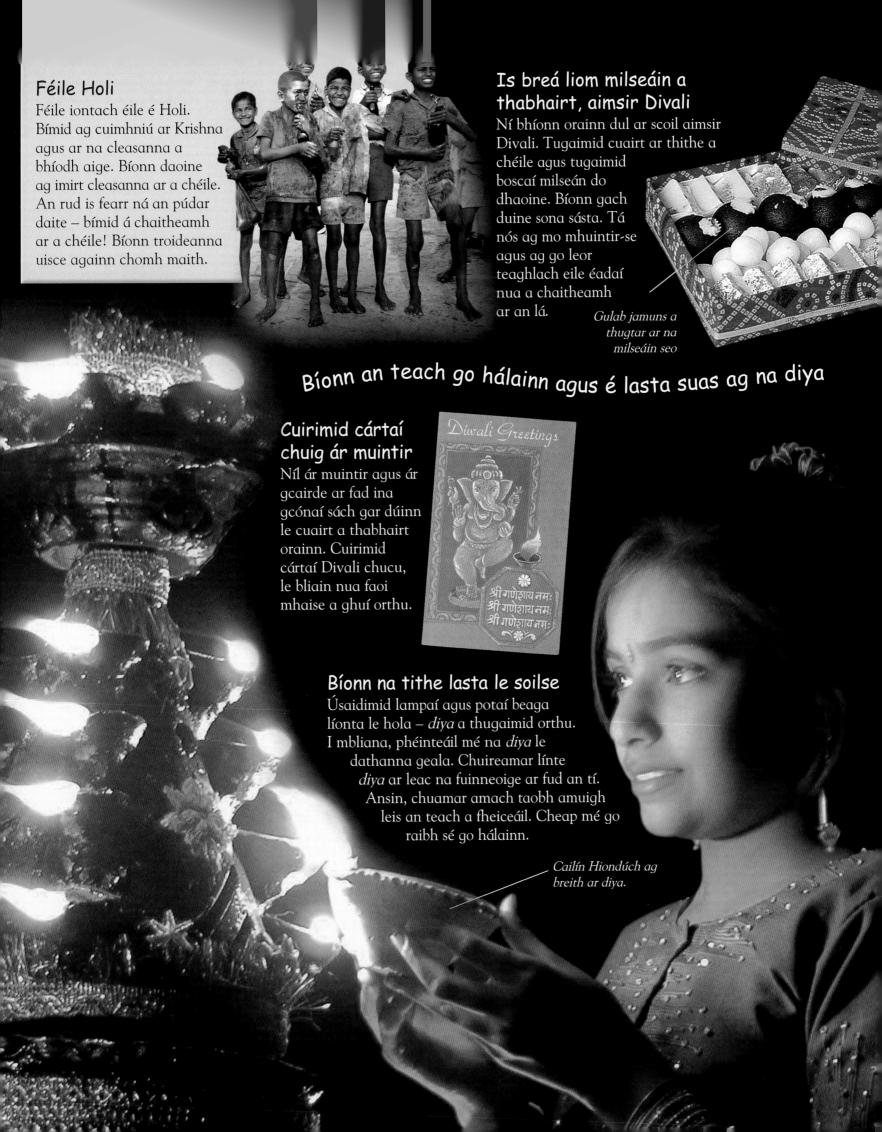

Féile Holi

Féile iontach éile é Holi. Bímid ag cuimhniú ar Krishna agus ar na cleasanna a bhíodh aige. Bíonn daoine ag imirt cleasanna ar a chéile. An rud is fearr ná an púdar daite – bímid á chaitheamh ar a chéile! Bíonn troideanna uisce againn chomh maith.

Is breá liom milseáin a thabhairt, aimsir Divali

Ní bhíonn orainn dul ar scoil aimsir Divali. Tugaimid cuairt ar thithe a chéile agus tugaimid boscaí milseán do dhaoine. Bíonn gach duine sona sásta. Tá nós ag mo mhuintir-se agus ag go leor teaghlach eile éadaí nua a chaitheamh ar an lá.

Gulab jamuns a thugtar ar na milseáin seo

Bíonn an teach go hálainn agus é lasta suas ag na diya

Cuirimid cártaí chuig ár muintir

Níl ár muintir agus ár gcairde ar fad ina gcónaí sách gar dúinn le cuairt a thabhairt orainn. Cuirimid cártaí Divali chucu, le bliain nua faoi mhaise a ghuí orthu.

Bíonn na tithe lasta le soilse

Úsaidimid lampaí agus potaí beaga líonta le hola – *diya* a thugaimid orthu. I mbliana, phéinteáil mé na *diya* le dathanna geala. Chuireamar línte *diya* ar leac na fuinneoige ar fud an tí. Ansin, chuamar amach taobh amuigh leis an teach a fheiceáil. Cheap mé go raibh sé go hálainn.

Cailín Hiondúch ag breith ar diya.

Tara as SAM

An scrín agus an teampall

ÁITEANNA LE GUÍ

TARA IS AINM DOMSA. Tá mé ocht mbliana d'aois agus is breá liom marcaíocht capall. Tá an-suim agam sna déithe Hiondúcha ar fad. Léann mo Mham dom go leor scéalta fúthu. Tá scrín nó altóir speisialta sa bhaile againn. Téimid chuig an teampall ar ócáidí móra. Ach is féidir le Hiondúch guí in áit ar bith. Deirim féin mo phaidreacha sa leaba, sula dtitim i mo chodladh.

I seomra mo mháthar atá an scrín.
Tá cúpla dealbh de na déithe agus *diya* ann. Nuair a bhímid ag guí, lasann Mamaí an diya. Is siombal é solas an diya den eolas speisialta a thagann ó na déithe.

Tar éis a bheith ag guí, faighim tilak.
Cuireann mamaí marc ar mo bhaithis le púdar dearg Cabhraíonn sé liom i rith an lae mo dhícheall a dhéanamh.

Máthair agus cailín óg ag guí sa bhaile ag scrín (nó altóir) Hiondúch.

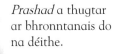

Sa teampall, tugaimid bronntanais do na déithe.

Ofrálaimid torthaí agus milseáin do na déithe agus muid ag guí leo sa teampall. Tógann an sagart ár gcuid bronntanas, beannaíonn sé iad agus tugann sé ar ais dúinn iad le roinnt.

Prashad a thugtar ar bhronntanais do na déithe.

Deilbh de na déithe agus na bandéithe.

An teampall Hiondúch is sine i Singeapór, a tógadh sa bhliain 1843.

Ofráilimid milseáin agus torthaí do na déithe

Trádaire puja

Diya

Púdar dearg do na marcanna tilak

Túis leis an aer a ghlanadh

Bainne agus uisce leis na déithe a ghlanadh

Cuidíonn an sagart linn guí.

Tá an-eolas aige ar na seanleabhair naofa. Tugann sé aire do na déithe éagsúla. Níonn sé na dealbha le bainne agus le huisce.

Cineál eile guí é an Arti.

Guí é seo a bhaineann le tine, uisce, cré agus air. Tar éis *Arti*, roinneann gach duine an *prashad* atá tar éis a bheith beannaithe ag na déithe.

An India

Is é an dia is deise liom ná Rama, mar throid sé ar son an chreidimh agus bhí an bua aige in aghaidh Ravana ghránna. Uaireanta, tugaim cuairt ar theampall a bhfuil dealbh de Rama ann.

Sonam

Dath álainn bán, glan atá ar mo theampall.

Tugann mo Mham is mo Dhaid ann mé ar ócáidí speisialta. Tá go leor déithe ann agus tá siad maisithe go hálainn. Bíonn boladh aoibhinn ón túis.

Ceithre sprioc

Kama, Artha, Dharma agus Moksha

SHIVANI IS AINM DOM, cosúil leis an mbandia Síve. Tá scrín againn do Shíve sa bhaile againn agus bímid ag guí ann gach lá. Is maith liom cúnamh a thabhairt do dhaoine eile agus tar éis dom an scoil a fhágáil, ba mhaith liom a bheith i mo bhanaltra. Múineann mo chreideamh dom faoin difríocht idir maith agus olc.

Shivani ón Astráil

Tá sé an-tábhachtach do Hiondúigh aire a thabhairt dá muintir féin.

Ciallaíonn an sprioc Artha ná do dhícheall a dhéanamh i gcónaí i do chuid oibre, ar scoil, sa bhaile, i ngach áit.

Rupee – airgead Indiach

Ag baint sásaimh as an saol – sin Kama.

Bainim an-taitneamh as ceol a chasadh ar an ngiotár agus as bheith ag damhsa, go háirithe damhsa Indiach. Is mar sin a bhainim an sprioc Kama amach.

Tugann na páistí seo cúnamh ar an bhfeirm.

Meas a bheith againn ar ainmhithe – sin cuid de Dharma.

Sin é an fáth go bhfuil go leor Hiondúch ann nach n-itheann feoil riamh. Tá sé tábhachtach aire a thabhairt d'ainmhithe agus a bheith go deas leo. Ciallaíonn *Dharma* an rud ceart a dhéanamh le Dia, le do mhuintir, leat féin agus le rudaí eile beo.

Vipul

Meiriceá

Bím ag iarraidh rudaí maithe a dhéanamh, gan a bheith i gcónaí ag súil le rud éigin ar ais. Má bhíonn cúnamh ó mo chara, cabhróidh mé leis gan a bheith ag smaoineamh "Anois, déan tusa rud éigin deas domsa!"

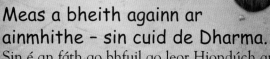

Déanaim mo dhícheall ar scoil.

Is é an t-ábhar is deise liom ná Mata agus déanaim mo dhícheall leis. Déanaim mo dhícheall chomh maith meas ar mo thuismitheoirí agus ar mo mhúinteoirí a thaispeáint i gcónaí. Creideann Hiondúigh go mbíonn meas ag daoine eile orainne má bhíonn meas againne orthu siúd.

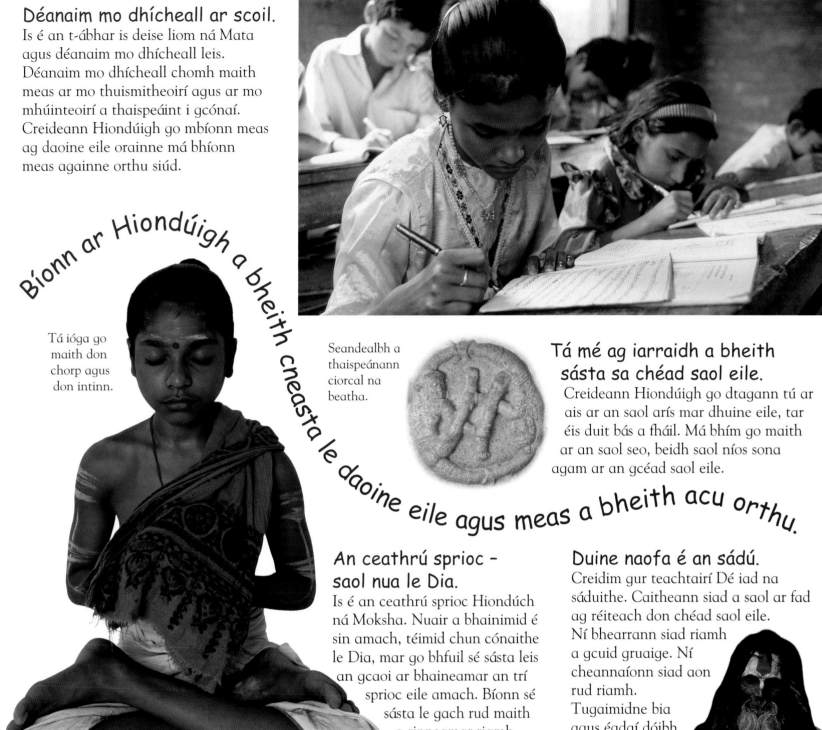

Tá ióga go maith don chorp agus don intinn.

Bíonn ar Hiondúigh a bheith cneasta le daoine eile agus meas a bheith acu orthu.

Seandealbh a thaispeánann ciorcal na beatha.

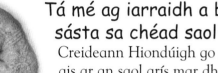

Tá mé ag iarraidh a bheith sásta sa chéad saol eile.

Creideann Hiondúigh go dtagann tú ar ais ar an saol arís mar dhuine eile, tar éis duit bás a fháil. Má bhím go maith ar an saol seo, beidh saol níos sona agam ar an gcéad saol eile.

An ceathrú sprioc – saol nua le Dia.

Is é an ceathrú sprioc Hiondúch ná Moksha. Nuair a bhainimid é sin amach, téimid chun cónaithe le Dia, mar go bhfuil sé sásta leis an gcaoi ar bhaineamar an trí sprioc eile amach. Bíonn sé sásta le gach rud maith a rinneamar riamh.

Duine naofa é an sádú.

Creidim gur teachtairí Dé iad na sáduithe. Caitheann siad a saol ar fad ag réiteach don chéad saol eile. Ní bhearrann siad riamh a gcuid gruaige. Ní cheannaíonn siad aon rud riamh. Tugaimidne bia agus éadaí dóibh.

An India

Bímse go maith nuair a insím an fhírinne agus nuair a dhéanaim an rud a iarrann mo thuismitheoirí orm a dhéanamh; nuair a thugaim cúnamh sa teach agus nuair a ithim mo dhinnéar ar fad.

Adya

Anant

An India

Níor chóir dúinn riamh bréag a inseacht. Ba chóir dúinn ár lámha a ní i gcónaí sula n-ithimid bia agus ba chóir dúinn muid féin ar fad a ní sula dtéimid a chodladh. Agus níor chóir dúinn riamh bia atá tar éis titim ar an urlár a ithe.

Pósadh Hiondúch

BAINIS

IS MISE TRISHAL agus tá mé dhá bhliain déag d'aois. Is breá liom dul chuig an trá agus am a chaitheamh ar an idirlíon. Creideann Hiondúigh gur rud an-tábhachtach i saol ar bith é pósadh agus clann a bheith agat. Sin é an fáth gurb iad ár gcuid tuismitheoirí go minic a shocraíonn cé leis a phósfaimid. Ba mhaith leo a bheith cinnte go bpósfaimid duine éigin deas.

Trishal ón tSingeapór

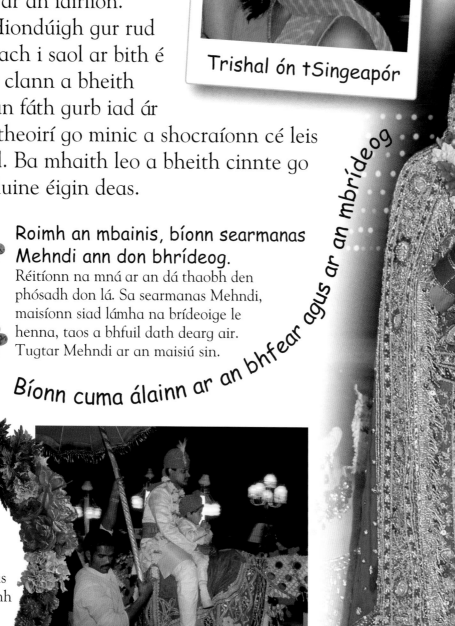

Caitheann an bhrídeog sari, nó gúna dearg agus órga le go leor seodra óir.

Bíonn cuma álainn ar an bhfear agus ar an mbrídeog

Roimh an mbainis, bíonn searmanas Mehndi ann don bhrídeog.
Réitíonn na mná ar an dá thaobh den phósadh don lá. Sa searmanas Mehndi, maisíonn siad lámha na brídeoige le henna, taos a bhfuil dath dearg air. Tugtar Mehndi ar an maisiú sin.

Tugtar bronntanais.
Cuireann an fear agus an bhrídeog fáilte roimh a chéile le muince bláthanna agus le bronntanais.

Tagann an fear ar capall.
Tagann a mhuintir agus a chairde ina mórshiúl i ndiaidh an chapaill agus iad ag canadh agus ag gleo! Cuireann máthair na brídeoige fáilte roimh an bhfear. Tugann sí chuig an mandapa é, an campa nó puball a mbeidh an bhainis ar siúl ann.

Go minic, caitheann an fear agus a chairde turbain.

Bíonn gealltanais speisialta le déanamh.

Ceanglaíonn an sagart an fear agus an bhrídeog le chéile le snáth bán, le taispeáint go bhfuil siad pósta. Ansin siúlann siad timpeall ar thine naofa, seacht n-uaire. Tá baint ag gach ciorcal timpeall na tine le seacht gcinn de phaidreacha a deirtear dá saol pósta. Nuair a bhíonn an méid sin ar fad déanta, tá siad pósta.

Ceanglaíonn an sagart an fear agus an bhean le snáth bán.

Gléasann gach duine don ócáid speisialta.

Uaireanta, caitheann na buachaillí óga turbain, ar nós na bhfear. Caithimid rís agus bláthanna leis an mbeirt nuaphósta. Ansin téimid chuig teach na brídeoige don chóisir.

Bíonn dealbh Ghainéis i gcúinne an mandapa.

Nuair a chuireann Hiondúigh tús le rud éigin nua, iarrann siad ar an Dia Gainéis, cúnamh a thabhairt. Is eisean an Dia is tábhachtaí, lá bainise.

Tine naofa a ghlanann

Peitil bláthanna – siombail den áilleacht

Cnó cócó – mar ghuí go mbeidh páistí acu

Dealbh Ghainéis

An Astráil
Mar chuid den searmanas, seasann an fear nuaphósta agus an bhrídeog os comhair na tine naofa agus geallann siad go mairfidh siad le chéile an chuid eile dá saol.

Roja

An India
Ní raibh mise riamh ar bhainis Hiondúch fós - tá mé ag súil go mór le mo chéad cheann. Is breá liom na féilte Hiondúcha éagsúla. Is é Divali an ceann is deise liom.

Deepika

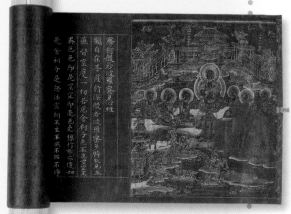

Siombail

Is é roth Dhamma (múineadh nó teagasc) siombail an Bhúdachais. Chuir Búda roth an teagaisc ag casadh fadó. Roth an tsaoil atá ann, ag casadh ó bhreith go bás go breith arís.

"Mudra" a thugtar ar chomhartha láimhe – sin "comhartha" nó "siombail".

Leabhair naofa

Tar éis do Bhúda bás a fháil, scríobhadh síos a chuid smaointe ar fad faoin saol. Cuireadh isteach i gciseáin iad. Tugtar na Tipitaka, nó na trí chiseán ar na scríbhinní naofa seo.

An Búdachas

BA É BÚDA A BHUNAIGH AN CREIDEAMH BÚDAÍOCH. Níor chreid i nDia a bhí os cionn gach rud, mar sin ní bhíonn na Búdaithe adhradh Dé ar an gcaoi sin. Mhúin Búda gur ciorcal atá sa saol, bímid beo, faighimid bás agus tagaimid ar an saol arís. Má mhaireann daoine gan a bheith santach, agus má bhíonn siad cneasta, tagann siad ar thuiscint speisialta ar an saol, tuiscint a dhéanfaidh sona sásta iad. Léargas a thugtar ar an tuiscint sin.

Is é an sprioc atá ag na Búdaithe ná an léargas sin a bheith acu.

Beatha Bhúda

Rugadh Búda ina phrionsa san India 500 RC. Lá amháin, chonaic sé bás, pian agus tinneas. Chonaic sé chomh maith fear naofa a bhí sona sásta. Smaoinigh Búda go domhain air seo ar fad go dtí gur tháinig sé ar thuiscint conas a shaol a chaitheamh.

Comharthaí láimhe Bhúda

San ealaín Bhúdaíoch tá brí speisialta leis na comharthaí láimhe a dhéanann Búda.

Is minic go mbíonn a lámh in airde ag Búda agus é ag beannú, nó ag tabhairt le fios nach bhfuil faitíos air.

 Lámh oscailte ag síneadh síos, sin comhartha flaithiúlachta. Múineann Búda le lámh oscailte.

Leagann Búda a lámh dheis ar an talamh le taispeáint gur ón talamh a thángamar ar fad.

 Seo comhartha an *dhamma*, nó comhartha na múinteoireachta.

Búdaithe ag adhradh

Tá an buachaillín beag seo ag tabhairt cuairte ar scrín i dteampall Búdaíoch. Is minic go mbíonn altóir nó scrín Bhúdaíoch sa bhaile ag Búdaithe chomh maith. Bíonn dealbh de Bhúda ann agus coinnle ina thimpeall, chomh maith le bláthanna, cloigíní beaga, babhlaí uisce agus túis a bhfuil boladh deas uaidh.

Áiteanna speisialta

Creideann Búdaithe go bhfuil áiteanna speisialta – foirgnimh, sléibhte nó crainn – ar fiú cuairt a thabhairt orthu. Tá an teampall seo – an *Mahabodhi*, an-tábhachtach do Bhúdaithe mar gur tógadh é ar an spota a bhfuair Búda tuiscint speisialta ar an saol. In Bodh Gaya san India atá teampall an *Mahabodhi*. Tá an túr 54m ar airde agus é clúdaithe le pátrúin áille. Tá dealbh órga de Bhúda taobh istigh ann, ceann mór millteach.

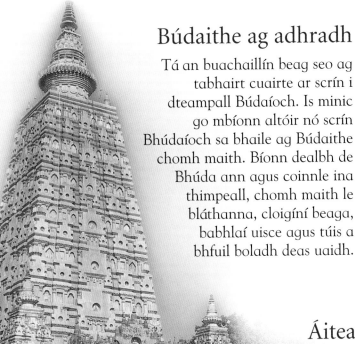

Cineálacha éagsúla Búdachais

Creideann gach Búdaí go bhfuil teachtaireacht Bhúda fíor. Ach creideann grúpaí éagsúla acu go bhfuil bealaí éagsúla ann leis an fhírinne a bhaint amach. Caitheann go leor Búdaithe Theravada a saol mar mhanaigh nó mar mhná rialta agus leanann siad teagasc Bhúda gach nóiméad dá saol. Creideann Búdaithe Mahayana nach gá duit a bheith i do mhanach nó i do bhean rialta le Búda a leanacht go dílis.

Úsáideann Búdaithe Mahayana ón Tibéid rothaí paidreoireachta le rudaí a bheannú.

Caitheann manaigh agus mná rialta Theravada róbaí nó éadach oráiste.

Laethanta speisialta

Fágann roinnt buachaillí óga a muintir le bheith ina manaigh. Bearrann siad a gcuid gruaige agus caitheann siad saol simplí.

Féilte móra

Parinirvana (Mahayana) Bás Bhúda *Mí Feabhra*

Hana Matsuri (Mahayana) Lá breithe Bhúda *Mí Aibreáin*

Wesak (Theravada) Lá breithe agus lá báis Bhúda agus an lá ar bhain sé tuiscint speisialta amach *Mí Aibreáin*

Obon (Mahayana) Scéal Bhúda *Mí Iúil*

Esala Perahera (Theravada) Féile na Fiacaile *Mí Iúil/Lúnasa*

Kathina (Theravada) Tugtar bronntanaisí do na mainistreacha *Mí Dheireadh Fómhair*

Lá Nirbheána (Mahayana) Lá tuiscint speisialta Bhúda *December*

Cá bhfuil cónaí ar Bhúdaithe?

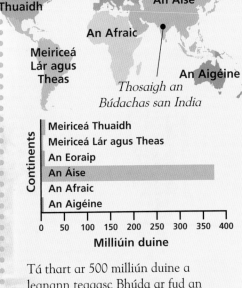

Meiriceá Thuaidh
An Eoraip
An Áise
An Afraic
Meiriceá Lár agus Theas
An Aigéine

Thosaigh an Búdachas san India

Continents	Milliúin duine (0–400)
Meiriceá Thuaidh	
Meiriceá Lár agus Theas	
An Eoraip	
An Áise	▉▉▉▉▉
An Afraic	
An Aigéine	

Milliúin duine

Tá thart ar 500 milliún duine a leanann teagasc Bhúda ar fud an domhain. San Áise atá cónaí ar a bhformhór, áit ar cuireadh tús leis an mBúdachas.

Ag traenáil le bheith i mo mhanach

AG MAIREACHTÁIL DE RÉIR TEAGAISC BHÚDA

JANG-CHUB IS AINM DOM agus tá mé aon bhliain déag d'aois. Le bliain anuas, tá mé tar éis mo mhuintir a fhágáil le traenáil le bheith i mo mhanach. Tá mé i mo chónaí i mainistir (teach mór a bhfuil cónaí ar mhanaigh, fir naofa, ann). Thug mo Dhaid cúnamh dom m'intinn a shocrú go dtiocfainn anseo nuair a bhí mé deich mbliana d'aois. An rud is mó a thaitníonn liom ná a bheith ag foghlaim an dhamma, sin teagasc Bhúda.

Jang-chub ón Tibéid

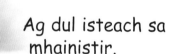

Ag an mainistir, bíonn gruaig gach duine bearrtha.
Bearrann cara liom mo chuidse gruaige. Caithimid ar fad an t-éadach céanna chomh maith. Creidimid go bhfuil rudaí níos tábhachtaí sa saol ná gruaig agus éadach.

Is é an dhamma an rud is tábhachtaí domsa

Ag dul isteach sa mhainistir.
Lá mór é nuair a théann buachaill óg isteach i mainistir. Uaireanta, gléasann buachaill nua in éadach galánta agus tugtar é ar mhórshiúl trí na sráideanna ar dtús. Isteach leis ansin sa teampall agus bíonn searmanas mór ann le fáilte a chur roimhe.

Babhla déirce

Róbaí

Snáth agus snáthaid

Rásúr

An Chóiré Theas
Éirím ag a ceathair a chlog ar maidin gach lá le guí os comhair dealbh Bhúda. Bím ag déanamh staidéir ar na leabhair naofa chomh maith. Uaireanta, téimid ar picnic.

Seong-ho

Ní bhíonn gá againn le mórán.
Caithimid róbaí dearga agus cuaráin istigh sa mhainistir agus bróga taobh amuigh. Tá snáth agus snáthaid againn leis na róbaí a dheisiú agus rásúr lenár gcloigeann a bhearradh. Bíonn babhlaí ag roinnt manach le bheith ag iarraidh déirce.

Manaigh óga i mBurma ag fáil
bia ó dhaoine áitiúla

Ithimid bia simplí.

I dtíortha áirithe, cuireann
Búdaithe bia i mbabhlaí speisialta
a bhíonn ag na manaigh. Anseo sa Tibéid,
fágann daoine airgead don bhia ag an teampall. Don bhricfeasta,
bíonn tae againn le harán agus im agus curaí prátaí. Don lón,
bíonn dhal againn, rís, glasraí agus feoil. Bíonn an dinnéar
mar an gcéanna – ach uaireanta bíonn núdail againn.

Ba cheart a bheith go deas le gach rud beo.

Tá trí mhadra againn le
haire a thabhairt dóibh sa
mhainistir, chomh maith
le pearóid amháin, ceithre
iasc agus préachán.
Múineann siad dúinn sa
mhainistir gan aon rud beo
a mharú ná a
ghortú. Múintear
dúinn chomh
maith gan goid,
nó gan bréaga
a inseacht.

Tugann an
manach óg seo
i mBurma aire
do choileáinín.

Is breá liom foghlaim sa mhainistir.

Bíonn rang Neipeailise againn an chéad rud
ar maidin. Tar éis bricfeasta, léimid scríbhinní
Tibéidise. Má chaillimid rang, bíonn orainn
25 rupee a íoc (thart ar 20 cent).

Bainim sásamh as an am saor.

Roimh lón agus tar éis tae,
bíonn am saor agam dom féin.
Uaireanta bím ag staidéar, ach
is maith liom cluichí a imirt
chomh maith.

Lá Bhúda

WESAK

IS MISE JEFFREY agus tá mé ocht mbliana d'aois. Nuair a bheidh mé mór ba mhaith liom a bheith i m'fhiaclóir, nó i mo phianódóir, b'fhéidir. Is é an caitheamh aimsire is deise liom ná ficheall a imirt. Téim chuig an teampall cúpla uair sa bhliain. Is maith liom na hamhráin a chasaimid ann. Bím sásta nuair a chloisim iad á rá. An fhéile is deise liom ná Wesak. Sin é an lá a ndéanaimid ceiliúradh ar bhreith Bhúda.

Jeffrey as Ceanada

Crochaimid lóchrainn – lampaí speisialta.
Gach áit ar fud an domhain, maisíonn Búdaithe teampaill agus crainn le lóchrainn agus le soilse. Cuireann na soilse i gcuimhne dúinn go raibh solas na tuisceana ag Búda.

Tugaim cúnamh an Búda a ní lena bheannacht a fháil uaidh.

Aimsir Wesak, ceannaíonn mo Mham bláthanna agus torthaí.
Tugaimid chuig an teampall mar bhronntanais iad. Fágann daoine a gcuid bronntanas in aice le dealbh Bhúda. Bímid ag canadh agus ag guí.

Déanann gach duine a dhícheall a bheith go deas lena chéile.
Déanaimid lóchrainn agus seolaimid cártaí chuig a chéile. Mhúin Búda dúinn gan aon dochar a dhéanamh do rudaí eile beo. Ní ithimid feoil aimsir Wesak. Cuireann sé sin i gcuimhne dúinn nár chuir Búda isteach riamh ar rud ar bith eile beo .

Tugaimid folcadh do Bhúda.
Tá dealbh de Bhúda agus é ina pháiste againn sa teampall. Tugaimse cúnamh an dealbh sin a ní. Cuirimid peitil bláthanna thart air. Tugann na manaigh téada beannaithe dúinn. Má chaithimid na téada ar ár rostaí, beidh an t-ádh linn.

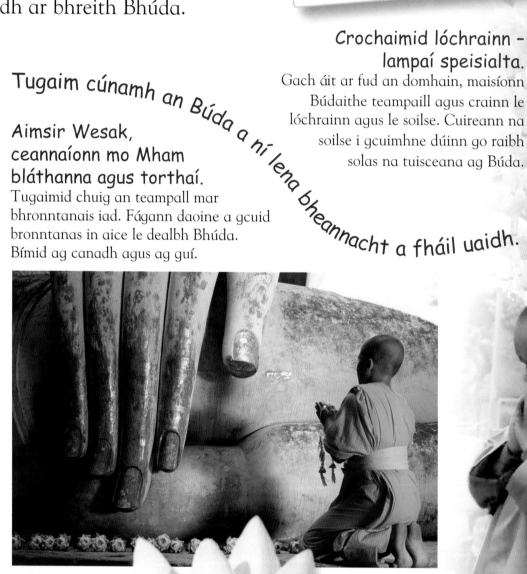

Tugtar bláthanna mar bhronntanais do Bhúda.

Hana Matsuri

Déanann Búdaithe sa tSeapáin ceiliúradh ar bhreith Bhúda ag Hana Matsuri, féile bláthanna. Déanann páistí bláthanna páipéir le cur i gcuimhne dóibh faoi na gairdíní áille inar rugadh Búda. Cuireann siad orthu na héadaí is deise atá acu agus siúlann siad i mórshiúl mór chuig an teampall. Caitheann gach duine bláthanna bána ar an mbóthar os comhair an mhórshiúil.

San oíche, bíonn mórshiúl soilse againn.

Bíonn lóchrainn againn chomh maith nuair a dhéanaimid ceiliúradh ar fhéile na gealaí. Bíonn cead ag páistí fanacht ina suí go deireanach. Bímid ag spraoi leis na lóchrainn go dtí go n-éiríonn an ghealach. Bíonn roinnt daoine ag guí leis an ngealach mar go gcreideann siad go bhfuil cónaí ar aingeal thuas inti.

Suzzane

Leanne Son

Boirneo

Thug mé folcadh don Bhúda ag an bhféile Wesak. Thug an manach bláthanna dúinn agus chuireamar thart ar an mBúda iad.

An Astráil

Téim chuig an teampall ar ócáidí speisialta. Réitímid bia agus tugaimid do na manaigh é. Bíonn siad sin ag guí leis na déithe agus lenár muintir atá básaithe.

Ag caint le Búda

BEALAÍ LE HADHRADH

MAIKO IS AINM DOMSA. Is breá liom popcheol. Tugaim mo mhadra ag siúl gach lá. Tá cónaí orm i dteampall mar gur sagairt iad mo Dhaid agus mo Mham. Thosaigh mo Dhaid ag múineadh O-kyo, ceann de na sutraí (scríbhinní naofa) dom nuair a bhí mé trí bliana d'aois. Múineann mo chreideamh dom a bheith i gcónaí ag smaoineamh ar na rudaí a dhéanaim agus ar dhaoine eile.

Maiko as an tSeapáin

Caitheann Búdaithe am ag guí sa bhaile.

Bím go mór ar mo shuaimhneas nuair a bhímid ag rá an O-kyo sa bhaile. Dúinne, tá sé an-tábhachtach é sin a dhéanamh.

Bean rialta in Albain ag an scrín ina seomra codlata.

Deirimid an O-kyo ag úsáid paidrín.

Dé réir mar a deirimid an *sutra*, bogann ár méaracha ó chloch go cloch ar an bpaidrín.

Seasann gach cloch le haghaidh dúil nó mian a bhfuilimid ag iarraidh smacht a chur air.

Bhí mo chreideamh liom riamh.

Is é an teampall mo theachsa.

An *hondo* a thugtar ar lár an teampaill. I gcroílár an *hondo*, tá an chuid den tempall is deise liom féin, an *Amida-sama*, nó dealbh Bhúda. Bím an-mhór ar mo shuaimhneas san áit sin.

Taobh amuigh den teampall, tá gang nó clog mór ann.

Buailtear é deich n-uaire gach lá agus an ghrian ag dul a luí agus nuair a bhíonn searmanais ar siúl.

Hoang

Vítneam

Tugaim cuairt ar uaigh mo Dhaideo in éineacht le mo Mham is mo Dhaid. Lasaim an túis agus iarraim ar Bhúda aire a thabhairt do Dhaideo.

Zoe

Meiriceá

Tá an Búdachas an-síochánta. Bím féin agus mo dheartháir ag canadh chun cabhrú linn deacrachtaí a shárú. Canaimid chomh maith go mbeidh daoine eile sásta.

Bronntanas don teampall – rís agus bláthanna loiteoige.

Crochann roinnt Búdaithe bratacha paidrín amach.

Nuair a shéideann an ghaoth, bogann na bratacha paidrín agus seoltar na paidreacha ar fud an domhain le sonas agus sláinte a scaipeadh i ngach áit.

Bíonn Búda ag faire orainn agus ag tabhairt aire dúinn.

Sa teampall, suímid ar bhratacha ar an urlár. Leanaimid ar fad treoracha m'athar mar is eisean an príomhshagart. Lasaimid coinnle agus deirimid an *O-kyo* le meas a thaispeáint. Dóimid túis lenár spiorad a ghlanadh.

Gabhaimid buíochas le Búda le bronntanais

Ní gá airgead a thabhairt. Tá sé díreach chomh tábhachtach céanna obair a dhéanamh don teampall nó focal Bhúda a scaipeadh.

Féile na Fiacaile

E SALA P ERAHERA

H ASINI IS AINM DOMSA. Tá mé deich mbliana d'aois agus is breá liom stampaí a bhailiú. Is breá liom leabhair a léamh agus nuair a bheidh mé mór, ba mhaith liom a bheith i m'eolaí. Uair nó dhó in aghaidh na seachtaine, tugaim cuairt ar an teampall. As plástar bán atá sé déanta le céimeanna móra ag dul suas chuig dealbh Bhúda. Gach bliain, déanaimid ceiliúradh ar fhéile in onóir fiacail Bhúda.

Hasini as Srí Lanca

Siúlann na heilifintí go mall, maorga

Tá fiacail Bhúda feicthe faoi dhó agam.

Dath donn atá uirthi. Tá sí thart ar 4cm ar fhad. Istigh i gcás gloine a bhíonn sí, i dteampall speisialta na fiacaile. Uair amháin sa bhliain, tugtar amach as an teampall í, i mbosca álainn óir . Iompaíonn eilifint fiacail Bhúda tríd an mbaile.

Iompaíonn an Raja – eilifint mhór mhillteach, an fhiacail naofa, faoi scáth speisialta gréine.

Tá an bosca déanta d'ór agus clúdaithe le seoda.

Istigh i dTeampall na Fiacaile

Tús na féile, an Searmanas Kap.

An oíche sula dtosaíonn an fhéile, cuirimid craobh de chrann torthaí nár fhás toradh riamh air, i ngar don teampall. Sin tús na féile.

Cailín le toradh mar bhronntanas

Srí Lanca

Gach lá, de réir mar a thagann níos mó agus níos mó eilifintí isteach sa mhórshiúl, éiríonn sé níos faide agus níos faide. Bíonn na heilifintí clúdaithe le soilse beaga san oíche. Anuraidh, chomhairigh mé 113 eilifint, agus dhá eilifintín óga. Is breá liom na damhsóirí chomh maith.

Dilrupa

Bliain amháin, chomhairigh mé 55 eilifint.

Feicim an mórshiúl ó theach cara gach bliain. Téimid amach ar an mbalcóin ag breathnú air. Is iad na heilifintí is deise liom. Bíonn dathanna éagsúla ar an éadach a bhíonn orthu. Seasann gach dath le haghaidh dia ar leith. Uaireanta bíonn siad clúdaithe le dusta óir.

Bíonn oiread le feiceáil agus le cloisteáil ann.

An chéad rud a bhíonn le cloisteáil ná na fuipeanna móra á lascadh – cuireann siad sin tús leis an mórshiúl. Bíonn drumadóirí ann, damhsóirí, amhránaithe, agus daoine ag siúl ar chosa fada croise. Bíonn flótanna daite ann do na déithe éagsúla. Bíonn gach rud ag glioscarnach le seoda agus le hór. Bíonn an-spraoi agam le mo chuid col ceathracha. Feicimid an mórshiúl ar fad le chéile.

Bíonn an t-éadach is gile ar na damhsóirí a leanann na heilifintí.

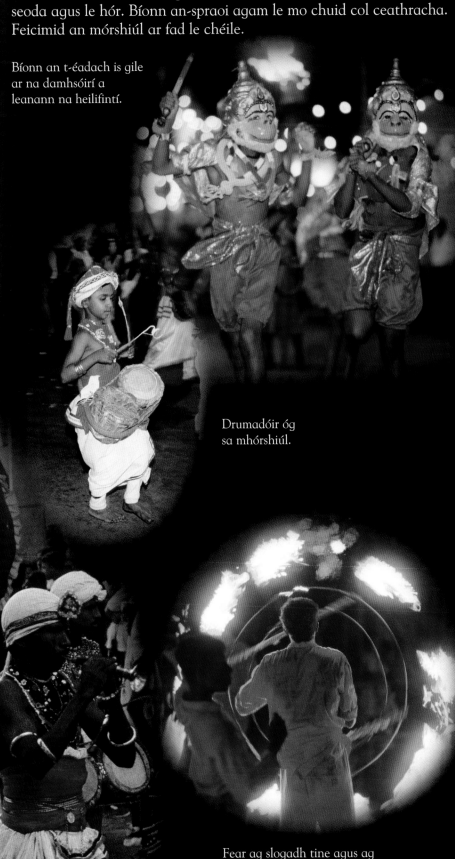

Drumadóir óg sa mhórshiúl.

Fear ag slogadh tine agus ag déanamh cleasa.

Siombail

Seo é an Khanda, siombail na Saíceach. Seasann an claíomh istigh ina lár do chumhacht naofa Dé. Taispeánann an ciorcal timpeall air nach bhfuil tús ná deireadh le Dia. Taobh amuigh, tá dhá chlaíomh eile ann, don dílseacht atá ag gach Saíceach, do Dhia agus dá phobal féin.

Leabhar naofa

An Gúrú Granth Sahib a thugtar ar véarsaí naofa na Saíceach. Taispeánann siad ómós dó le chauri, nó fean déanta as gruaig. Sa teampall, croitear an chauri os cionn an leabhair naofa nuair a bhíonn sé á léamh.

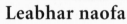

An Gúrú Granth Sahib agus chauri

Gúrú Nanak

An Saíceachas

TÁ TEAMPALL ÁLAINN ÓRGA ANN atá an-naofa don chreideamh Saíceach. Tá ceithre dhoras ar an teampall, le taispeáint go bhfuil fáilte roimh gach duine ó gach aird ar domhan ann. Sa chreideamh Saíceach, tá gach duine mar an gcéanna ann os comhair Dé. "Scoláire" nó "deisceabal" an bhrí atá leis an bhfocal "Saíceach" Cúig chéad bliain ó shin a bhunaigh fear darbh ainm dó an Gúrú Nanak an creideamh seo.

Saícigh ag adhradh

Guíonn Saícigh le Dia gach lá. Tagann siad le chéile i dteampall a dtugtar gurdbhara air. Ag searmans Saíceach, bíonn paidreacha ann, léamh ón nGúrú Granth Sahib agus *kirtan*, nó iomainn. Castar uirlisí ceoil leis na hiomainn – siotár agus drumaí go minic.

Siotár

Ag éirí níos gaire do Dhia

Tá na páistí seo ag snámh san uisce in aice leis an Teampall Órga sa Phuinseab, i dtuaisceart na hIndia. Seo ceann de na háiteanna naofa is speisialta dá bhfuil ann sa chreideamh Saíceach. Déanann go leor daoine a ndícheall cuairt a thabhairt air. Creideann na Saícigh go labhrann Dia leo tríd an teagasc a rinne an Gúrú Granth Sahib. Is féidir leo siúd labhairt le Dia nuair a ghuíonn siad chuige agus nuair a chabhraíonn siad leis an bpobal Saíceach.

Bunaitheoir an chreidimh

Bhunaigh Gúrú Nanak (1469–1539) an creideamh Saíceach. Ciallaíonn an focal "gúrú" múinteoir spioradálta. Rugadh Nanak in aice Lahore (atá anois sa Phacastáin). Is mar Hiondúch a tógadh é ach tháinig smaoineamh chuige le creideamh nua a bhunú. Is é an smaoineamh is tábhachtaí a bhí aige ná gur féidir le duine ar bith teacht ar Dhia, gan searmanas speisialta ná sagart, agus gur mar a chéile gach duine i súile Dé.

An Deichniúr Gúrú

Sula bhfuair an Gúrú Nanak bás, phioc sé
ceannaire nua. Bhí naonúr ceannaire ann,
i ndiaidh Nanak. Sa lá atá inniu ann, is é
an, leabhar naofa, an Gúrú Granth Sahib,
an múinteoir, nó an gúrú atá ag na Saícigh.

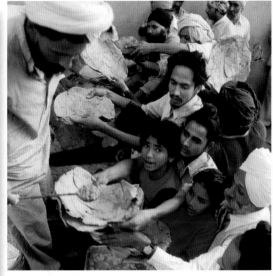

Ag déanamh *seva*

Déanann Saíceach seva nuair a thugann
sé cúnamh do dhaoine eile. Glanann
daoine an teampall, cuir i gcás, nó
réitíonn siad béilte do chuairteoirí a
thagann ann. Tugann siad airgead
agus cúnamh do dhaoine bochta.

Laethanta speisialta

Tugtar ainm do gach Saíceach ag
searmanas ainmnithe. Osclaítear an
Gúrú Granth Sahib. An chéad litir
den chéad fhocal a léitear amach,
bíonn sí sin mar chéad litir in ainm
an pháiste. Tugtar bráisléad don
pháiste le caitheamh chomh
maith, mar chomhartha dá
chreideamh.

Cá bhfuil cónaí ar na Saícigh?

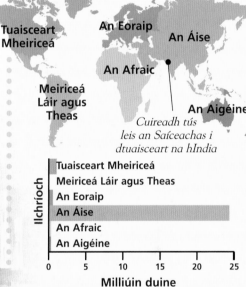

Tuaisceart Mheiriceá — An Eoraip — An Áise — An Afraic — Meiriceá Láir agus Theas — An Aigéine

Cuireadh tús leis an Saíceachas i dtuaisceart na hIndia

Ilchríoch:
Tuaisceart Mheiriceá
Meiriceá Láir agus Theas
An Eoraip
An Áise
An Afraic
An Aigéine

0 5 10 15 20 25
Milliúin duine

Tá cónaí ar an gcuid is mó de na
Saícigh sa Phuinseaib, ceantar idir an
India agus an Phacastáin. Tá thart ar
mhilliún Saíceach ina gcónaí taobh
amuigh den Phuinseab, in áiteanna ar
nós Ceanada, Meiriceá, agus Sasana.

Féilte móra

Lá breithe Gúrú Gobind Singh
Mí Eanáir
Hola Mohalla Féile spóirt is gaisce
Mí an Mhárta/Aibreáin
Baisakhi Bunú an chreidimh
Saíceach agus an Khalsa *Mí an Mhárta/Aibreáin*
Daoradh an Gúrú Arjan chun báis
Mí an Mheithimh
Divali Scaoileadh saor an Gúrú
Hargobind ón bpríosún *Mí Dheireadh Fómhair/Samhain*
Lá breithe Gúrú Nanak *Samhain*
Daoradh Gúrú Tegh Bahadur chun báis *Mí na Nollag/Eanáir*

Gurdbhara-Teampall na Saíceach

LÁ AG AN NGURDBHARA

VIJAYANT IS AINM DOM agus tá mé ceithre bliana déag d'aois. Is breá liom spraoi ar an ríomhaire agus leadóg a imirt. Nuair a fhágfaidh mé an scoil ba mhaith liom a bheith i mo dhlíodóir. Is maith liom a bheith mar chuid den phobal Saíceach agus sílim go bhfuil sé tábhachtach am a chaitheamh ag guí le chéile. Tugaim féin agus mo mhuintir cuairt ar an ngurdbhara uair sa mhí agus ar ócáidí speisialta. Bíonn atmaisféar álainn, suaimhneach ann agus lá speisialta a bhíonn ann i gcónaí.

Vijayant as an Astráil

Ciallaíonn "Gurdbhara" "teach an ghúrú"

Tá halla mór sa gurdbhara s'againne, an áit a mbíonn na searmanais ar siúl ann. Tá sé maisithe le pictiúir de na gúrúnna agus scéalta ón gcreideamh. Tá seomra eile ann a mbíonn béile againn ann.

Bíonn orainn na bróga a bhaint dínn sula dtéimid isteach.

Bíonn orainn ár gcloigeann a chlúdach chomh maith. Taispeánann sé seo an meas atá againn ar an áit. Fanann duine amháin taobh amuigh, ag coinneáil súile ar na bróga.

Is breá liom an ceol agus na hamhráin.

Casann daoine paidreacha mar amhráin ón leabhar naofa, an Gúrú Granth Sahib. Níl na focail ar eolas agam fós. Sa ghurdabhra s'againne, casann ceoltóirí *tabla* (cineál druma) agus orgán beag. Ba bhreá liomsa a bheith in ann an t-orgán a chasadh. Tá fuaim iontach aige.

Suíonn gach duine ar an urlár mar go bhfuilimid ar fad mar a chéile.

Leagtar an Gúrú Granth Sahib ar philiúr, ar ardán os comhair gach éinne. Tugtar isteach sa halla é agus léirímid an-ómós dó. An chéad rud a dhéanaim ná siúl suas chuig an ardán agus mo chloigeann a chromadh. Ansin, tugaim bronntanas airgid. Agus an searmanas ar siúl, bíonn gaoth á séideadh go bog ar an leabhar naofa le fean nó *chauri*.

Nuair a bhím leis an bpobal, airím go bhfuilim níos gaire do Dhia

Ithimid béile le chéile

Ar dtús, ithimid bia speisialta a beannaíodh i gcaitheamh an tsearmanais. *Prashad* a thugtar air. Bíonn blas deas air. Ansin suímid ar fad síos sa *langar*, nó bialann, agus bíonn béile iomlán againn, gan feoil ar bith ann. Bíonn go leor daoine ag réiteach an bhéile.

Tá scoil sa Ghurdbhara.

Bímid ag léamh an Gúrú Granth Sahib ann. Tá an-spéis agam a thuilleadh a fhoghlaim faoi stair mo chreidimh.

Meiriceá

Téimid chuig an gurdbhara le guí, ach is áit chomh maith é a dtagann na Saícigh anseo i Houston, Texas le chéile. Bím ag súil le mo chairde a fheiceáil ann.

Guruamrit

Sasana

Nuair a théim chuig an ngurdbhara, bíonn bratach mhór ann agus bímid ag guí chuici sin. Tugaimid bronntanas airgid agus faighimid prashad le hithe ann. Glanaimid ár lámha agus ár mbéil i ndiaidh an bhéile.

Malkeet

Féile an Khalsa

BAISAKHI

IS MISE SHEETAL agus tá mé naoi mbliana d'aois. Tá deartháir agus deirfiúr amháin agam agus ba mhaith liom a bheith i mo mhúinteoir nuair a bheidh mé fásta suas. An lá ba mhó i mo shaol go dtí seo ná an lá a thug mé cuairt ar an Teampall Órga in Amritsar. Smaoiním ar an lá sin nuair a thagann *Baisakhi*, féile an Earraigh, an fhéile a dhéanann ceiliúradh ar bhunú an Khalsa.

Sheetal ó Shasana

Is mór an spórt na troideanna bréige agus an mórshiúl sráide a fheiceáil.

An Cúigear Geal a thugtar ar na chéad daoine a chuaigh isteach sa Khalsa.

An deichiú gúrú, Gobind Singh, a bhunaigh an Khalsa. Chuir sé ceist cé a bhí sásta bás a fháil ar son an chreidimh. Sheas cúigear fear suas. Tugadh an Cúigear Geal orthu, mar go raibh siad chomh dílis sin.

Samosas

Is breá liom samosa a ithe.

Nuair a bhíonn an *mela*, an fhéile shráide ar siúl, bíonn seastáin ann ag díol gach cineál bia ó cheantar an Phuinseaib san India.

Ar maidin, bainimid anuas an tsean-bhratach ag an ngurdabhra.

Nímid an crann brataí agus ardaímid an bhratach nua air. Cuireann sé seo tús le bliain nua na Saíceach.

Nuair a bhaintear anuas an crann brataí, níonn go leor daoine é le bainne, le iógart agus le huisce.

Mórshiúl sráide é an Nagar Kirtan.

Tosaíonn sé amach ón ngurdabha, an teampall. Siúlann na drumadóirí chun tosaigh. Ansin, tagann fir ag imirt *gatka*, spórt traidisiúnta. Is breá liom féachaint ar na fir ag luascadh a gcuid claimhte agus iad ag ligean orthu go bhfuil siad ag troid. Bíonn gach duine ag canadh agus iad ag leanacht an mhórshiúil.

Iompraítear an Gúrú Granth Sahib trí na sráideanna.

Bíonn an leabhar naofa ina chuid thábhachtach de go leor féilte naofa. Tugtar trí na sráideanna é, é leagtha anuas ar philiúr, in airde ar chathaoir ríoga. Bíonn éadach geal ar an gcathaoir agus í á hiompar faoi cheannbhrat (cineál teachín éadaigh) atá maisithe le bláthanna áille. Uaireanta, caitheann na daoine a iompraíonn an Gúrú Granth Sahib turbain ghorma agus éadach buí, cosúil leis an gCúigear Geal.

Bíonn balúin ag daoine agus dathanna éagsúla orthu.

Bíonn an-spraoi ag baint leis an mela.

An *Baisakhi* seo caite, chuaigh mé féin agus mo chuid col ceathracha ann le chéile. Bhí cead againn fanacht inár suí go deireanach. Bhain mé an-taitneamh as na damhsóirí lena gcuid éadaí ildaite agus turbain speisialta.

An India

Aimsir Baisakhi, téimid chuig an teampall agus bíonn bia againn a dtugaimid lungha air. Guímid agus tugaimid airgead do na daoine bochta.

Prithvi

Grúpa speisialta Saíceach

AG DUL ISTEACH SA KHALSA

BHAVKEERAT IS AINM DOM agus tá mé ceithre bliana déag d'aois. Táim ar an meánscoil in Amritsar, cathair an Teampaill Órga. Nuair a bheidh mé níos sine, ba mhaith liom a bheith i mo dhochtúir. Is breá liom éisteacht leis an kirtan, an ceol naofa, an bia beannaithe prashad a ithe agus cúnamh a thabhairt leis an mbéile sa teampall, an langar. Sa chreideamh atá agamsa, is onóir an-mhór é dul isteach sa ghrúpa speisialta Khalsa.

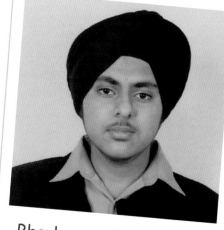

Bhavkeerat ón bPuinseab

Cíor ghruaige *Kangha*

Fobhríste *Kaccha*

1 Déantar cocán gruaige leis an gcíor *khanga*. Clúdaítear an cocán le héadach beag, an *patka*.

Na cúig "K" sa Khalsa.

Caitheann baill den Khalsa cúig shiombail: Kesh – gruaig gan bhearradh riamh, le bheith dílis do Dhia; cíor ghruaige kangha – don duine glan; fobhríste kaccha – don duine a bhfuil smacht aige air féin; claíomh kirpan – don cheart agus cóir agus bráisléad Kara – do chumhacht Dé, gan tús, gan deireadh.

Claíomh *Kirpan*

2 Castar éadach an turbain timpeall agus timpeall ar an gcloigeann.

Bráisléad *Kara*

Caitheann go leor Saíceach turban.

Píosa fada éadaigh atá sa turban atá casta timpeall ar an gcloigeann. Níl cead ag muintir an Khalsa a gcuid gruaige a bhearradh, mar sin coinníonn an turban an ghruaig glan agus as an mbealach. Nuair a théimse ag snámh, caithim patka, caipín speisialta.

3 Ceanglaítear an t-éadach chun é a choinneáil le chéile. Uaireanta, cuirtear siombail den Khanda ar an taobh amuigh den turban.

Bíonn cúigear ball den Khalsa i gceannas ar an searmanas amrit.

An *panj piares* a thugtar orthu. Seasann siad don Chúigear Geal. Labhraíonn siad linn faoi rialacha an Khalsa ar dtús. Ansin, úsáideann siad claíomh le huisce agus siúcra a mheascadh le chéile i mbabhla iarainn, leis an deoch amrit a dhéanamh. Cúig bhraon den deoch *amrit* a thugann siad do gach duine atá ag dul isteach sa Khalsa.

Suímid síos os comhair an Ghúrú Granth Sahib leis an deoch *amrit* a ól agus le paidreacha a rá.

Caitheamh na gcúig "K" – sin rud an-tábhachtach.

Caithfidh tú a bheith réidh le dul isteach ann.

Sílim go rachaidh mise isteach sa Khalsa nuair a bheidh mé níos sine, nuair a bheidh mé críochnaithe ar scoil. Labhair mé le mo Mhamó is mo Dhaideo faoi seo, agus tá siad ar aon intinn liom. Chuaigh siad féin isteach ann cúpla bliain ó shin. Tá cead ag cailíní dul isteach ann chomh maith le buachaillí.

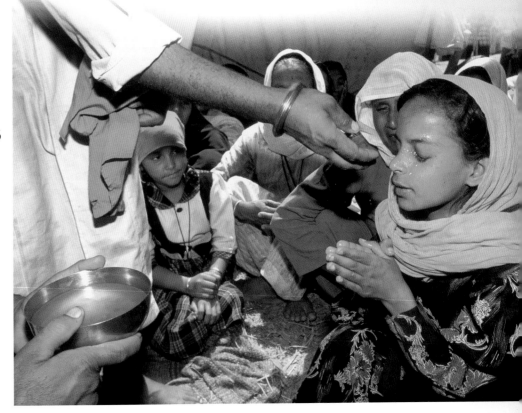

Tá na buachaillí óga seo ar tí dul isteach sa Khalsa. Tá siad ag caitheamh na gcúig "K". Níl a gcuid gruaige bearrtha agus tá sí clúdaithe ag *patka*.

Jasdip

Sasana

Rud an-tábhachtach é dul isteach sa Khalsa. Níor bearradh mo chuidse gruaige riamh agus ní bhearrfar go deo í. Táim an-dáiríre faoin gcreideamh agus téim chuig scoil Saíceach dhá uair sa tseachtain.

Croitear amrit ar shúile agus ar chloigeann an duine nua.

Déanann an *panj piares* é seo le gach duine atá ag dul isteach sa Khalsa. Ansin ólann gach duine deoch *amrit* ón soitheach céanna. Ansin, ag deireadh an tsearmanais, roinneann gach duine beagán den bhia milis, an *prashad*.

Féile cathanna bréige

Hola Mohalla

Is mise Gurkaran agus tá mé dhá bhliain déag d'aois. Tá an-suim agam sa nádúr agus i gcúrsaí aimsire. Is breá liom a bheith i mo Shaíceach mar go gcreidimid gur cheart cúnamh a thabhairt do dhaoine, go háirithe daoine nach bhfuil go maith as. Fadó, fuair Saícigh bás ar son an chreidimh. Gach bliain, bíonn féile againn le taispeáint go bhfuil Saícigh sásta i gcónaí a gcreideamh speisialta féin a chosaint.

Gurkaran as an India

Sciath *Nihang*

Claíomh fada

Airm speisialta.

Bíonn sleá fhada, chaol ann – thart ar 3m ar fhad. Na lúthchleasaithe a bhaineann úsáid as na hairm seo, ní bhuaileann siad claimhte agus maidí a chéile mórán, ach nuair a dhéanann, cloistear ar fud na páirce iad.

Cuireadh tús le Hola Mohalla sa bhliain 1700.

An deichiú gúrú, Gúrú Gobind Singh, a chuir tús le Hola Mohalla. Thaispeáin an chéad teacht le chéile sin go raibh an Khalsa sásta creideamh na Saíceach a chosaint ar dhaoine a bhí ag iarraidh deireadh a chur leis.

Is breá liom na capaill agus na marcaigh!

Bíonn cathanna bréige ann.

Is breá le gach duine féachaint ar na cathanna bréige a chuireann Na Saícigh *Nihang* ar siúl. Is saighdiúirí Saíceacha iad na *Nihang.* Bíonn gunnaí acu agus claimhte agus sleánna. Cuid acu, bíonn bogha agus saighead acu, fiú. Caitheann said turbain mhóra agus fáinní miotail orthu.

Bíonn capaill ag rith ar fud na páirce.

Bíonn drumaí ag cuid de na marcaigh, is iad á mbualadh go tréan.
Uaireanta, seasann marcach suas ar mhuin an chapaill agus an capall ag rith – agus ní thiteann sé anuas riamh!

Amandeep

Sasana

Níl an fhéile Hola Mohalla againn anseo i Sasana. Is as ceantar an Phuinseaib do mo mhuintir. Tugtar Féile na Nihang ansiúd air, i gcuimhne ar na saighdiúirí a throid ar son na Saíceach fadó.

Bíonn langar ann gach lá.

Tugaimse cúnamh ag an *langar*, an béile speisialta gach lá. Tugaim amach an bia agus ním na soithí. Bím féin ag ithe chomh maith. An bia is deise liom ná milseán speisialta – *Jalaebee* a thugtar air.

Féile lán dathanna atá ann.

Bíonn cóta dorcha gorm agus sais oráiste ar na *Nihang*. Caithimidne púdar daite ar a chéile – bímid clúdaithe leis!

An Giúdachas

Siombail

Is é Réalta Dháibhí siombail na nGiúdach. B'shin an cruth a bhí ar sciath an Rí, Dáibhí. Laoch ab ea Dáibhí, mar gur mharaigh sé an fathach Goliath.

DAOINE A BHFUIL AN CREIDEAMH GIÚDACH acu, déanann said adhradh ar Dhia amháin. Páistí Abraháim ar fad iad – sin é an fear a thug teachtaireacht Dé chuig na daoine. An Tóra atá ar an Leabhar beannaithe atá ag na Giúdaigh. Insíonn sé faoin gcaoi gur gheall Dia go dtabharfadh sé aire do mhuintir Abraháim dá ngeallfaidís go dtabharfaidís grá do Dhia agus a chuid rialacha a leanacht.

Leabhar naofa

Tá an scéal faoin gcaoi ar cuireadh tús leis an gcreideamh Giúdach le fáil sa Tóra. Ciallaíonn an focal Tóra "an dlí". Tá fáil ann ar na rialacha a bhaineann leis an saol a chaitheamh i gceart.

Mezuzah

Bíonn boiscín beag, *mezuzah*, socraithe ag go leor Giúdach ar dhoras tosaigh an tí. Istigh ann, tá scrolla beag agus paidir speisialta, an Seama, scríofa air.

Athair an chreidimh

Bhí cónaí ar Abrahám san áit a dtugtar an Iaráic anois air, breis agus 4000 bliain ó shin. Chreid sé nach raibh ann ach Dia amháin agus go dtabharfadh Sé aire do mhuintir Abraháim go deo. Sin é an fáth go ndeirtear gurbh iad na Giúdaigh "an pobal a roghnaigh Dia".

Maois agus na Deich nAitheanta

Maois

Insíonn an Tóra scéal Mhaoise dúinn. Bhí Maois ina cheannaire ar na Giúdaigh. Thug Dia na deich n-aitheanta do Mhaois agus iad scríofa ar dhá tháibléad chloiche.

1   Is mise do Dhia. Ná déan adhradh ar aon dia eile.
2   Ná déan íol (dealbh nó pictiúr) do Dhia a adhradh.
3   Bíodh meas agat ar ainm Dé.
4   Coinnigh an tSabóid ina lá beannaithe.
5   Bíodh meas agat ar d'athair agus ar do mháthair.
6   Ná déan marú.
7   Ná bí mídhilis do d'fhear nó do do bhean chéile.
8   Ná déan goid.
9   Ná hinis bréaga faoi dhaoine eile.
10 Ná bíodh éad ort faoi na rudaí atá ag daoine eile.

Ag Guí Chun Dé

Tá sé an-tábhachtach do na Giúdaigh a bheith ag guí. Guíonn go leor Giúdach cúig huaire sa lá. Caitheann roinnt Giúdach *tallit*, nó seál paidreoireachta ar a gcloigeann nuair a bhíonn said ag guí.

Pobal Scaipthe

Is féidir le fear nó bean an *kappah* a chaitheamh.

Cuireadh tús leis an gcreideamh Giúdach sa Mheánoirthear. Scaip grúpaí éagsúla acu ar fud na cruinne. Tá difríochtaí anois ann idir na grúpaí seo. Roinnt Giúdach, tá said an-traidisiúnta. Leanann said na seanrialacha go han-dílis. Caitheann said kappah, nó caipín paidreoireachta gach lá, cuir i gcás. Giúdaigh eile, ní chaitheann said caipín ach amháin nuair a bhíonn said ag searmanas nó ócáid speisialta.

Giúdaigh ag guí

Tá na páistí seo ag guí ag an mBalla Thiar, an t-aon chuid de sheanteampall Giúdach i Iarúsailéim atá fós ina sheasamh. Seo é an áit is naofa ar domhan ag na Giúdaigh. De ghnáth, tagann Giúdaigh le chéile i dteampall a dtugann said "sionagóg" air. Bíonn cóip den Tóra i ngach sionagóg. Léitear píosaí amach as gach seachtain, ar feadh na bliana.

Laethanta Móra

Tagann duine nua isteach sa chreideamh nuair a rugtar é nó í. Ocht lá tar éis dó teacht ar an saol, tugtar ainm Giúdach don pháiste. Nuair a bhíonn said níos sine, bíonn searmanas bar mitzvah ag na buachaillí . Bat mitzvah an searmanas a bhíonn ann do na cailíní.

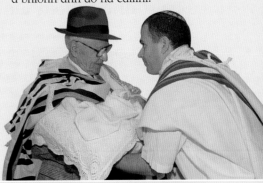

Cá bhfuil cónaí ar Ghiúdaigh?

Meiriceá Thuaidh

An Eoraip

An Áise

An Afraic

Meiriceá Láir agus Theas

An Aigéine

Cuireadh tús leis an nGiúdachas in Iosrael.

Ilchríocha	Millíun duine (0–7)
Meiriceá Thuaidh	
Meiriceá Láir agus Theas	
An Eoraip	
An Áise	
An Afraic	
An Aigéine	

Millíun duine

I Meiriceá Thuaidh is mó atá cónaí ar Ghiúdaigh (tá sé mhilliún duine acu ann) agus san Áise – tá cúig mhilliún duine ansiúd, in Iosrael den chuid is mó.

Féilte Móra

Shabbat (sabóid) lá scíthe agus lá beannaithe ó oíche Aoine go dtí oíche Shathairn, *gach seachtain*
Púirim Ceiliúradh ar an mBanríon mhisniúil Púirím *Feabhra/Márta*
Uan Cásca Cuimhneamh ar bheith scaoilte soar ón sclábhaíocht san Éigipt *Márta/Aibreán*
Rosh Hashanah Lá na Bliana Nua *Deireadh Fómhair*
Yom Kippur Lá Aithrí *Deireadh Fómhair*
Hanukkah Féile soilse *Mí na Nollag*

Féile ocht lá

Uan na Cásca

Is mise Yael. Tá mé beagnach aon bhliain déag d'aois. Tá beirt dheartháir agam agus deirfiúr amháin. Nuair a bheidh mé mór, ba mhaith liom a bheith i m'aisteoir. Siúlaimid chuig an tsionagóg gach Satharn. Is maith liom an Seama a rá mar go bhfuil sé ar eolas go han-mhaith agam. Cuireann féile Uan na Cásca i gcuimhne dúinn faoin gcaoi ar scaoileadh na Giúdaigh saor ón sclábhaíocht san Éigipt, fadó.

Yael as Israel

Ag an Seder bíonn an teaghlach ar fad le chéile

Ubh – siombail íobairtí an Bhíobla

Glasra – siombail an Earraigh

Fréamh ghoirt

Uaineoil

Taos charoset

Faighimid réidh leis an chametz ar fad sa teach.

I gcaitheamh Uan na Cásca, ní ithimid *chametz* (arán agus bia déanta le giosta). An tráthnóna roimh an *Seder*, lasann mo Dhaidí coinneal le féachaint an bhfuil aon bhruscar aráin in áit ar bith. Leanaimidne é.

Is é an Seder an béile is tábhachtaí.

Cuireann an fhréamh ghoirt saol crua na sclábhaíochta i gcuimhne dúinn. Meascaimid úlla, cnónna agus dátaí le charoset a dhéanamh, mar a mheasc na sclábhaithe an stroighin fadó agus iad ag obair san Éigipt. Dúirt Dia leis na Giúdaigh fadó doras an tí a mharcáil le fuil an uain. Cuireann an uaineoil é sin i gcuimhne dúinn.

Glantar an teach ó bhun go barr.

Glanaim mo sheomra, scuabaim an t-urlár, bainim an dusta anuas de mo chuid cluichí, mo chuid leabhar agus de mo chuid éadaigh, le bheith cinnte nach bhfuil smid dá laghad *chametz* ann.

An Airgintín

Aimsir Uan na Cásca, bíonn go leor dár muintir agus dár gcairde ar cuairt le haghaidh an bhéile speisialta Seder. Is breá liom an motzah a ithe. Bíonn blas gránna ar an bhfréamh ghoirt – is fuath liom é!

Dan

Cuireann an páiste is óige na ceisteanna

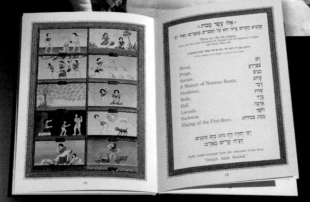

An *Haggadah* a thugtar ar an scéal faoi éalú ón Éigipt.

Ithimid matzoh – arán speisialta gan giosta ar bith ann.

Cuireann sé seo i gcuimhne dúinn gur fhág na Giúdaigh an Éigipt faoi dheifir. Ní raibh an t-am acu arán a bhácáil.

Brioscaí matzoh

Cuirimid cártaí chuig ár muintir agus ár gcairde.

Tagaimid le chéile ag teach mo Dhaideo. Bíonn paidreacha ann sa tsionagóg, ach is sa bhaile is mó a dhéanaimid ceiliúradh ar an bhféile.

Insímid scéal Uan na Cásca.

Suímid chun boird agus éistimid leis an scéal faoi na rudaí a tharla do na Giúdaigh fadó. Cuireann an páiste is óige ceisteanna faoin gcúis go bhfuil an oíche seo difriúil ó gach oíche eile sa bhliain.

Féile Púirím

Le linn na féile Púirím, éisteann Giúdaigh le scéal Esther, banríon Ghiúdach á léamh sa tsionagóg. Shábháil Esther na Giúdaigh ó Haman, fear gránna. Nuair a luaitear ainm Haman, déanaimid gleo 'hsssss' agus croithimid crothal, le taispeáint go bhfuil an ghráin againn ar Haman.

Crothal

Féile na Soilse

HANUKKAH

IS MISE BENJAMIN agus tá mé naoi mbliana d'aois. Is breá liom mo shamhlaíocht a úsáid. Tugann mo chreideamh seans dom aithne a chur ar m'anam féin, istigh ionam. Téim chuig sionagóg thraidisiúnta i gcearnóg álainn i bPáras. Gach Domhnach, déanaim staidéar ar an Tóra ann. Tá sé an-suimiúil go deo. Ag féile Hanukkah, bímid ag cuimhniú ar mhíorúilt speisialta a tharla fadó, fadó.

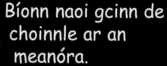

Benjamin ón bhFrainc

Lampa ola
Rómhánach

Bíonn naoi gcinn de choinnle ar an meanóra.

An *chamach* a thugtar ar an gceann speisialta sa lár. Úsáidtear í sin leis na coinnle eile a lasadh. Lasann mo Mhamaí ar dtús í. Ansin lasaimse na coinnle eile leis an *chamach*, ceann amháin breise in aghaidh an lae, go dtí go mbíonn an fhéile Hanukkah thart.

Míorúilt na hola.

Tar éis do na Giúdaigh fáil réidh le rí gránna, 2000 bliain ó shin, lean lampa ola sa teampall ag lasadh ar feadh ocht lá – is ní raibh ach dóthain ola ann do lá amháin.

An Astráil

San Astráil bíonn sé meirbh, grianmhar i gcaitheamh Hanukkah. Bíonn lá fada ann, mar sin fanaimid go dtí a naoi a chlog tráthnóna leis an Hanukkiah mór sa pháirc a lasadh.

Romi

An Afraic Theas

Lasaimid ar fad meanóra i mo theachsa. Lasaimse agus mo dheirfiúr an dá mheanóra a rinneamar ar scoil. Is breá liom an bia Hannukah.

Rachel

Tá meanóra ag roinnt daoine at in úsáid ag a muintir le fada, fada an lá.

Bíonn clúdach órga ar an gelt – píosaí airgid déanta as seacláid.

Dreidil – caiseal, a chastar timpeall

Ímrímid cluiche le dreidil.

Bíonn ceithre thaobh leis an dreidil, nó caiseal, agus focal amháin ar gach taobh: "Ness Gadol Haya Po" – "Tharla míorúilt mhór anseo". Má stopann an dreidil ar an bhfocal "Ness", casaim arís é. Más ar "Gadol" a stopann sé, tógaim gach rud, seachas píosa amháin. I gcás "Haya", tógaim leath an airgid agus i gcás "Po," bíonn orm píosa amháin airgid a thabhairt uaim. Nuair a bhíonn gach píosa ag imreoir amháin, bíonn an bua aige.

Taibhse bheag istigh ionam é m'anam.

Nuair a bhíonn na píosaí airgid ar fad bailithe ag imreoir amháin, bíonn an bua aige.

Gach maidin, tugaimid bronntanais dá chéile.

An bronntanas ba mhó a thaitin liom anuraidh ná roinnt cártaí ó mo mháthair. Ní bhíonn caint ar bith ar Hanukkah ar scoil – ní scoil Ghiúdach atá inti. Déanaim roinnt pictiúr Hanukkah le mo chairde agus tugaimid bronntanais bheaga dá chéile. Faighim cártaí "Hanukkah Sona Duit" ó dhaoine eile agus teachtaireachtaí ríomhphoist.

Féirín Hanukkah

Cártaí Hanukkah

Taoschnónna suibhe

Ithimid bia a cócaráladh in ola.

Déanaimid é seo le míorúilt an lampa ola a chur i gcuimhne dúinn. Is í mo Mhamó a dhéanann an chócaireacht de ghnáth, ach mura mbíonn sí sin ann do Hanukkah, is í mo mháthair a bhíonn á déanamh.

Pancóga prátaí latke á gcócaráil in ola

Simchat Tóra

Is í an fhéile reiligiúnach is deise liom ná an Simchat Tóra, mar ag an bhféile sin, bímid ag léamh an Tóra. Le linn Simchat Tóra, bímid ag ceol agus ag damhsa timpeall ar an leabhar beannaithe, istigh sa tsionagóg.

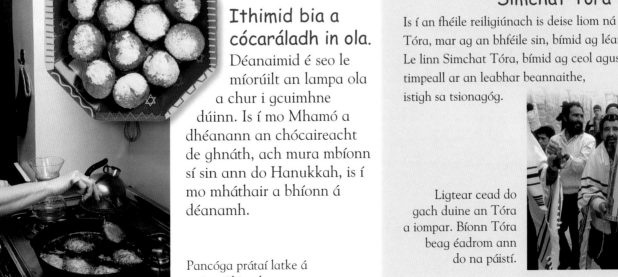

Ligtear cead do gach duine an Tóra a iompar. Bíonn Tóra beag éadrom ann do na páistí.

Ag fás suas sa chreideamh Giúdach

BAT MITZVAH

IS MISE ERIN agus tá mé trí bliana déag d'aois. Is maith liom am a chaitheamh le mo chairde, nó a bheith i dteagmháil leo ar an idirlíon. Oíche Aoine is deise liom sa bhaile. Nuair a thagann Shabbat, súimid ar fad síos le béile deas a ithe. Lasaimid coinnle agus iarraimid beannacht ó Dhia. I mbliana, bhí Bat Mitzvah agam. Bhí mé an-sásta go bhfeicfeadh gach duine go raibh mé i ndáiríre faoi mo chreideamh Giúdach.

Erin ó Mheiriceá

Rang Mitzvah i Tel Aviv Iosrael

Foghlaimímid véarsaí ón Tóra ar scoil.

Cuireann an searmanas Bat Mitzvah fáilte roimh chailín isteach i bpobal fásta na nGiúdach. Tamall roimh an searmanas, labhair mé le mo raibí faoin bpíosa den Tóra a bhí le léamh agam ag an searmanas. Chabhraigh sé liom é a réiteach.

Sionagóg in Port Elizabeth, An Afraic Theas

Bhí an tsionagóg lán le mo chairde agus mo mhuintir.

Nuair a sheas mé in airde ar an Bimah, bhí siad ar fad os mo chomhair. Chuimhnigh mé ar an gcúnamh a bhí gach duine tar éis a thabhairt dom mar dhuine agus mar Ghiúdach.

Mar chuid den searmanas, léim ón Tóra.

Bhí an scrolla an-trom. Bhí faitíos orm go ligfinn dó titim. Tugadh do mo sheantuismitheoirí é, ansin do mo thuismitheoirí, ansin ar aghaidh chugamsa. Thaispeáin sé sin go mbainim le traidisiún láidir.

Léann an cailín seo ón Tóra le linn an Bat Mitzvah

Duine fásta anois mé

Caitear milseáin le cailíní ionas go mbeidh saol milis acu

Cuireann daoine cártaí le rá go bhfuil grá acu duit.

Bíonn na rudaí a scríobhann daoine an-speisialta mar is ócáid an-mhór i saol cailín an Bat Mitzvah.

Nuair a bhí an searmanas thart, beannaíodh an grúpa ar fad againn.

An *Kiddush* a thugtar ar an mbeannacht sin. Deirtear é sula n-ithimid arán agus ólaimid fíon. Thaispeáin mise ómós do mo thuismitheoirí agus do mo mhúinteoirí nuair a thug mé *aliyah* dóibh – beannacht os cionn an Tóra. Ónóir an-mhór atá ann an bheannacht sin a thabhairt.

Arán *challah*

Cupán *Kiddush*

Bar Mitzvah

Téann buachaill isteach i bpobal na ndaoine fásta ag an searmanas Bar Mitzvah. Bíonn sé in ann páirt a ghlacadh ina dhiaidh sin sna searmanais reiligiúnacha. Tá an searmanas an-chosúil leis an Bat Mitzvah.

An Iaráic

Beidh an Bar Mitzvah agamsa nuair a bheidh mé trí bliana déag d'aois. Léifidh mé sliocht as an Tóra. Bíonn sé an-deacair an Tóra a léamh mar gur sa tseanteanga Eabhraise atá sé scríofa.

Ethan

Naomi

An Rómáin

Bíonn cailín Giúdach fásta suas i ndiaidh Bat Mitzvah. Bíonn sí freagrach as na rudaí a dhéanann sí.

An oíche sin, bhí cóisir agam i Hollywood chun ceiliúradh a dhéanamh.

Bíonn searmanas lasta coinneal ag roinnt cailíní chun ómós a thabhairt dá muintir agus dá gcairde. Ina dhiaidh sin rinneamar damhsa traidisiúnta Giúdach, an *hora*. D'ardaigh ceathrar fear láidre i gcathaoir mé os cionn gach éinne.

Searmanas Pósta Giúdach

Bainis

Is mise Libbi, agus tá mé naoi mbliana d'aois. Is breá liom léamh agus cócaráil. Déanaim latke (pancóga prátaí) le haghaidh Hanukkah agus challah (arán speisialta) don Shabbat. Nuair a bheidh mé mór, ba mhaith liom feirm a bheith agam. Chuaigh mé ar bhainis mo chairde Giúdacha Mandy agus Jason, le gairid. Ócáid mhór reiligiúin a bhí ann agus lá an-sona chomh maith.

Libbi ó Shasana

Ketubah

Tá cúraimí an fhir phósta scríofa síos sa ketubah. Is conradh pósta atá sa *ketubah* agus síníonn an fear é sula bpósann sé. Go minic bíonn an *ketubah* scríofa i bpeannaireacht álainn.

Is faoi cheannbhrat – rud cosúil le puball, a rinneadh an searmanas. "Huppah" a thugtar air. Bíonn dath bán air agus é maisithe le bláthanna. Is siombail é an huppah den teach nua a bheidh ag an lánúin. Shiúil Mandy timpeall ar Jason seacht n-uaire le taispeáint go raibh said chun baile nua a bheith le chéile acu.

Thug Mandy agus Jason fáinní dá chéile. Gheall said go mbéidís dílis dá chéile agus cuireadh beannachtaí orthu. Sin cuid an-dáiríre den searmanas. Níor chaith Mandy seodra ar bith eile.

Fáinne pósta Giúdach ón Iodáil

Uaireanta seasann an lánúin faoi tallit.

Déanann siad é sin in ionad *huppah* a úsáid. Ag deireadh an tsearmanais, beannaíonn an raibí an fear agus an bhean nuaphósta. Gabhann sé buíochas le Dia faoi bheatha a thabhairt dúinn agus guíonn sé saol fada, sona, sásta, sláintiúil ar an lánúin.

Tallit nó seál paidreoireachta traidisiúnta Giúdach

Bhris an fear gloine faoina chois.

B'shin ag deireadh an tsearmanais. Chuir Jason éadach timpeall ar an ngloine agus sheas sé uirthi. Nós Giúdach atá ann. Cuireann sé i gcuimhne dúinn go bhfuil beagán bróin ag baint fiú le hócáid an-sona. Ansin béiceann gach duine amach "*Mazel Tov*"! (Ádh mór).

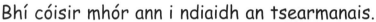

Bhéic gach duine amach "Mazel Tov!"

Bhí cóisir mhór ann i ndiaidh an tsearmanais.

Chaith mise an gúna deas a gcaithim do Shabbat gach seachtain. Chaith mo Dhaidí a chuid éadaigh raibí. Rinne na mná damhsa leis na mná eile agus rinne na fir damhsa le chéile chomh maith – nós Giúdach é sin. Bhí neart seacláide ann le hithe!

Ardaíodh an fear agus an bhean os cionn gach éinne.

Bíonn an fear agus an bhean ina suí i gcathaoireacha, nó ar chlár adhmaid agus ardaítear os cionn cloigeann gach éinne iad. Taispeánann sé seo gurb iad is tábhachtaí an lá sin.

Éimin

Roimh an mbainis, bíonn ceiliúradh speisialta ag Giúdaigh Éimin. Tugann said "chenah" air. Caitheann an bhrídeog seál speisialta. Bíonn fáinní go leor ar a méara aici agus pátrúin henna péinteáilte ar a lámha.

Nadav

Siombail

Cuireann siombail na croise an íobairt a rinne Íosa i gcuimhne nuair a fuair sé bás. Ach tá an chros lom léi féin, gan Íosa, ina siombail níos láidre fós, b'fhéidir. Cuireann sí i gcuimhne do Chríostaithe gur tháinig Íosa ar ais ar an saol arís, le taispeáint gurbh é mac Dé é. Siombail eile Críostaí ná iasc (thíos).

Leabhar Naofa

Tá an Bíobla roinnte ina dhá chuid – an Sean-Tiomna agus an Tiomna Nua. Leabhar beannaithe do na Moslamaigh agus do na Giúdaigh chomh maith é an "Sean-Tiomna". Insíonn an Tiomna Nua scéal Chríost – a shaol, an méid a mhúin sé, a bhás agus a aiséirí, a imeacht ar ais suas ar neamh agus ar deireadh, fás na Críostaíochta.

An Tríonóid

Creideann Críostaithe in aon Dia amháin, ach creideann said chomh maith gur féidir Dia a fheiceáil ar thrí bhealach speisialta. Tá Dia an tAthair ann (a chruthaigh gach rud) Dia an Mac (a tháinig ar an saol seo mar Íosa Críost) agus Dia an Spioraid Naoimh (cumhacht dofheicthe Dé atá linn ar an saol i gcónaí). Tugtar an Tríonóid ar an triúr seo le chéile.

Trí iasc – Tríonóid amháin

An Chríostaíocht

DHÁ MHÍLE BLIAIN Ó SHIN in Iosrael, bhí múinteoir iontach ann a raibh ceacht an-simplí le múineadh aige – caithfidh daoine a bheith dílis do Dhia gach lá, trí bheith cneasta agus grámhar. Íosa Críost ab ainm don mhúinteoir sin, agus creideann Críostaithe gurb é Mac Dé é. Cé gur spreag Íosa go leor daoine, chuir na Rómhánaigh chun báis é.

Ach trí lá ina dhiaidh sin, creideann Críostaithe gur éirigh Íosa ón mbás.

Mac Dé

Creideann Críostaithe gur sheol Dia a mhac, Íosa, ar an saol seo chun grá Dé a mhíniú dóibh. Lig Dia d'Íosa bás a fháil chun maithiúnas a fháil do na drochrudaí a dhéanann daoine agus le tús nua a thabhairt dóibh.

Críostaithe ag adhradh

Léann Críostaithe an Bíobla agus bíonn said ag guí sa bhaile. Is é an Domhnach (an lá ar aiséirigh Íosa ón mbás) an lá is mó a dtagann Críostaithe le chéile i séipéil. Bíonn léamh ón mBíobla ann, canadh agus paidreacha. Tugann sagart nó ceannaire eaglasta seanmóir, nó píosa speisialta cainte uaidh faoi cheist éigin a bhaineann le saol an Chríostaí.

Caitheann easpag Ceartchreidmheach an t-éadach seo.

Laethanta Móra

Cuirtear fáilte roimh pháistí isteach i bpobal Críostaí ag searmanas baiste. Doirtear uisce beannaithe ar chloigeann an pháiste. Glacann roinnt Críostaithe óga an Chéad Chomaoineach, i gcuimhne ar an mbéile speisialta a roinn Íosa lena dheisceabail, (na daoine speisialta a lean é), an oíche sular cuireadh é féin chun báis.

Féilte móra

Eipeafáine: Cuairt na dTrí Ríthe ar an leanbh Íosa *Eanáir*
Céadaoin an Luaithrigh: Tús an Charghais *Feabhra/Márta*
An tSeachtain Mhór: Domhnach na Pailme, Aoine an Chéasta, Domhnach Cásca Cuimhneamh ar shaol, ar bhás agus ar aiséirí Íosa *Márta/Aibreán*
An Chincís: Ceiliúradh ar theacht an Spioraid Naoimh *Meitheamh*
Aidbhint: Tréimhse le réiteach don Nollaig *Samhain/Nollaig*
An Nollaig: Breith Íosa *Mí na Nollag*

Cineálacha éagsúla Críostaithe

Dé réir mar a d'fhás an Chríostaíocht, tháinig athrú ar na rialacha agus ar na nósanna creidimh a bhí ag grúpaí éagsúla. Sin é an fáth go bhfuil ainmneacha éagsúla orthu sa lá atá inniu ann – Caitlicigh, Protastúnaigh agus Preispitéirigh, mar shampla. Cé go bhfuil nósanna éagsúla ag na grúpaí seo, tá an creideamh atá acu ar fad an-chosúil le chéile.

Cá bhfuil Cónaí ar Chríostaithe?

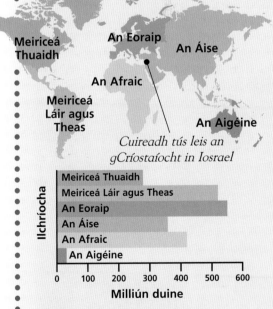

Meiriceá Thuaidh
An Eoraip
An Áise
An Afraic
Meiriceá Láir agus Theas
An Aigéine

Cuireadh tús leis an gCríostaíocht in Iosrael

Ilchríocha	Milliún duine
Meiriceá Thuaidh	
Meiriceá Láir agus Theas	
An Eoraip	
An Áise	
An Afraic	
An Aigéine	

0 100 200 300 400 500 600
Milliún duine

Tá cónaí ar Chríostaithe ar fud an domhain. Is é an grúpa is mó ná an Eaglais Chaitliceach, a bhfuil thart ar bhilliún ball aige. Tá beagnach dhá bhilliún Críostaí eile ann. Is baill iad siúd de bhrainsí éagsúla eile den teaghlach mór Críostaí.

Ag Leanacht Chríost

Tá na Críostaithe seo i Meiriceá Theas ag leanúint dealbh Chríost, Domhnach na Pailme. Chaith Íosa trí bliana ag múineadh ar an saol seo. Lean sluaite mar seo é. D'éist siad lena chuid scéalta agus chonaic said a chuid míorúiltí – eachtraí iontacha nach féidir a mhíniú.

Ag Tabhairt Aire Dá Chéile

Dúirt Íosa le daoine grá agus aire a thabhairt dá chéile. Taispeánann Críostaithe a gcreideamh trí rudaí cneasta a dhéanamh dá chéile, nó trína bheith ag tacú le heagraíochtaí a thugann cúnamh do dhaoine a bhfuil gá acu leis. Bhunaigh an bhean rialta ospidéal sa Bhrasaíl, le haire a thabhairt do pháistí nach bhfuil éinne eile acu.

Cailís fíona

Ag cuimhneamh ar shuipéar deireanach Íosa

CÉAD CHOMAOINEACH

IS MISE ANTONIO agus tá mé deich mbliana d'aois. Is é an spórt is fearr liom ná peil. Téimse chuig séipéal Caitliceach i lár an bhaile s'againne.

An rud a thaitníonn liom faoi mo chreideamh ná an rud a dúirt Íosa faoi ghrá agus maithiúnas a thabhairt dá chéile. I mbliana, rinne mé mo Chéad Chomaoineach.

Antonino ón Iodáil

An Suipéar Deireanach

Arán

B'shin an béile a bhí ag Íosa lena dheisceabail an oíche sula bhfuair sé bás. Thug sé arán dóibh agus dúirt leo "Seo é mo chorp". Thug sé fíon dóibh agus dúirt leo gurbh é a chuid fola féin a bhí ann.

Rinne mé mo Chéad Fhaoistin mí roimh mo Chéad Chomaoineach.

Shuigh mé os comhair an tsagairt sa séipéal agus d'inis mé mo chuid peacaí beaga dó. Bhí sceitimíní orm mar bhí sé ar nós a bheith ag caint le hÍosa.

Réitigh mé don Chéad Chomaoineach.

Ar feadh trí bliana, chuaigh mé chuig ranganna Teagasc Críostaí, ar feadh uair an chloig gach seachtain. Chabhraigh na ranganna liom níos mó a fhoghlaim faoi Íosa. Ar lá mo Chéad Chomaoineach, chaith mé éadach bán, ar nós mo chairde eile ar fad. Bhíomar an-sásta an lá sin.

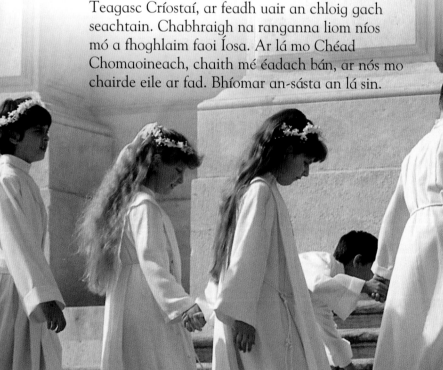

Roimh an Aifreann, ghlaoigh an sagart isteach i seomra muid.

Bhíomar ar fad neirbhíseach, ach chuir sé ar ár suaimhneas muid. Nuair a chuamar ar ais isteach sa séipéal, dúirt an sagart paidir dúinn. Ghuigh sé go mbeimis i gcónaí go maith agus sásta cúnamh a thabhairt do dhaoine eile, mar a rinne Íosa fadó. Nuair a tháinig sé chugamsa leis an arán agus an fíon a ghlacadh, bhí mé neirbhíseach, ach sásta ag an am céanna.

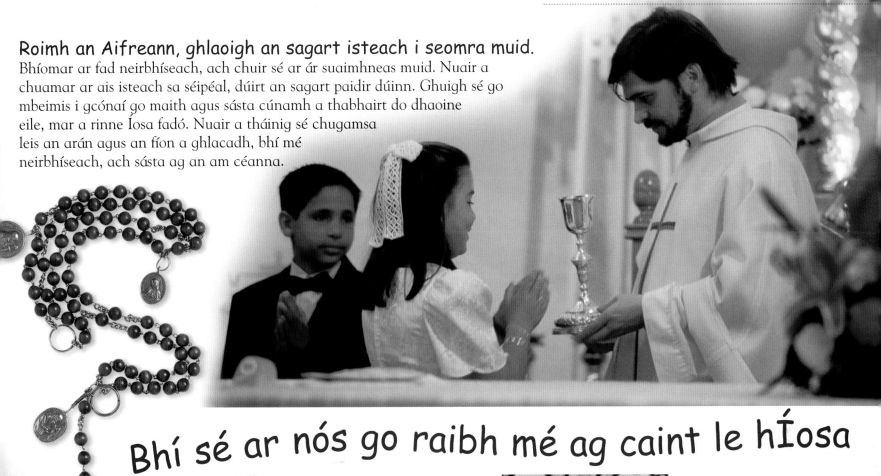

Bhí sé ar nós go raibh mé ag caint le hÍosa

Paidrín –
bronntanas
speisialta Céad
Comaoineach

Is minic go mbíonn
clúdach bán ar leabhar
paidreacha Céad
Comaoineach

Bhraith mé níos fásta suas ionam féin.

Ag an deireadh, ghuigh gach duine ar son gach éinne eile a bhí páirteach sa searmanas. Ansin, chuamar ar fad chuig bialann dheas le ceiliúradh a dhéanamh. Thug m'athair baiste ríomhaire dom mar bhronntanas.

Nuair a bheidh mé níos sine, déanfaidh mé an Cóineartú.

Sin é an uair a ndéanann Críostaí a chreideamh in Íosa a neartú. Beidh mé níos fásta suas. Tiocfaidh an Spiorad Naoimh anuas orm, agus beidh mé níos gaire do Dhia.

I dtíortha áirithe, tógann Caitlicigh ainm naoimh nuair a dhéanann siad a gCóineartú.

Hector

An Pholainn
Bhí faitíos orm go ngabhfadh rud éigin mícheart ag mo Chéad Chomaoineach, ach bhí gach rud go breá. Nuair a bhí an t-arán i mo bhéal, chuaigh sé i bhfeidhm go mór orm. D'airigh mé nua agus glan.

An Spáinn
Sheasamar ar fad os comhair na haltóra le píosaí páipéir agus liosta peacaí scríofa orthu. Chuireamar na píosaí páipéir trí thine leis na peacaí a dhó, agus ár n-anamacha a ghlanadh.

Jola

Janine

An Ghearmáin
Chaith mé gúna fada bán. D'fhreastal mé ar rang chun mé féin a réiteach. Rinneamar spraoi le chéile, péinteáil, chasamar amhráin, ghuíomar agus labhramar le chéile.

Ag Ceiliúradh Breith Íosa

AN NOLLAIG

Corinne ón tSualainn

CORINNE IS AINM DOMSA agus tá mé aon bhliain déag d'aois. Is breá liom marcaíocht capaill. Casaim ceol ar an veidhlín chomh maith. Bím féin agus mo mhuintir ag freastal ar Eaglais Bhaisteach. Is í an Nollaig an fhéile is deise liom, ach ní de bharr na mbronntanas. Sin é an uair a rugadh Íosa Críost, os cionn dhá mhíle bliain ó shin. Is é an rud is fearr a tharla riamh don domhan seo ná gur tháinig ár Slánaitheoir, Íosa Críost, isteach ann.

Ciallaíonn Aidbhint "sroicheadh".
Réitímid don Nollaig ar feadh míosa. Cuirimid réalta agus coinnle san fhuinneog. Bíonn ceithre choinneal ar an mbord againn. Lasaimid ceann nua gach Domhnach.

Sa tSualainn, déanaimid ceiliúradh ar Lá 'le Lucia.
Ar an 13ú Nollaig atá lá 'le Lucia. Gléasann na cailíní ar fad in éadach bán, caitheann siad fleascanna ar a gcloigeann agus bíonn coinnle ina lámha acu. Déanann cailín amhán páirt Lucia. Bíonn coróin choinnle lasta ar a cloigeann sise agus crios dearg thart ar a básta aici.

Déanaimid dráma Nollag.
Insíonn an dráma seo scéal bhreith Íosa, i stábla i mBeithil. Bíonn dráma Nollag ar siúl i mo shéipéalsa gach bliain. Déanann páistí na páirteanna ar fad. Bliain amháin, bhí mise i m'aingeal.

Lois

An Ghearmáin
Bímid ag réiteach don Nollaig aimsir Aidbhinte. Oíche Nollag, bím féin agus mo mhuintir sona sásta. Casaimid amhráin agus téimid chuig an tseirbhís sa séipéal tráthnóna.

Jan

Sasana
Bím ag ceiliúradh faoi Nollaig ach bím ag smaoineamh chomh maith ar na páistí ar fad ar fud na cruinne nach bhfuil chomh maith as liom féin.

Ceol le haghaidh carúl Nollag

Téann cuid de na daoine chuig an séipéal luath ar maidin.
Bíonn seirbhís ar siúl roimh éirí na gréine. Bíonn gach duine sona sásta gur tháinig an leanbh Íosa ar an saol. Casann daoine carúil Nollag. Uaireanta, léim féin agus mo mhuintir ón Soiscéal, lá Nollag.

Bíonn dinnéar speisialta Nollag againn.
Tugaimse cúnamh leis an gcócaireacht. Is iad na cnapóga feola is deise liomsa. Ag a ceathair a chlog tráthnóna, osclaímid ár gcuid bronntanas.

Bím féin agus mo dheartháir ag bácáil arán sinséir

Tugtar an Eipeafáine ar an dara lá dhéag tar éis na Nollag.
Sin é an lá ar tháinig na trí ríthe le bronntanais don leanbh Íosa. Bíonn seirbhís speisialta againn sa séipéal an lá sin.

Lean na ríthe réalta gheal le teacht ar Íosa agus le féiríní a thabhairt dó.

Singeapór
Ar lá Nollag, caitheann mo mhuintir ar fad am le chéile. Téimid chuig an séipéal le guí agus le breathnú ar an dráma Nollag. Is breá liom an t-atmaisféar nuair a bhíonn daoine ag casadh iomann.

Monica

An tSeachtain Mhór

AN CHÁISC

IS MISE EVA agus tá mé trí bliana déag d'aois. Téim chuig séipéal Ceartchreidmheach Gréagach. Creidim go bhfuil Dia amháin ann a thugann aire dom. Bhí oiread grá ag Dia dúinn gur chuir sé a mhac, Íosa, chugainn ar an saol seo. Faoi Cháisc, cuimhnímid ar an gcaoi a bhfuair Íosa bás agus tar éis trí lá, gur tháinig sé ar ais ar an saol arís.

Eva as an nGréig

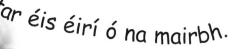

Ológa, cáis feta agus ola ológa.

Leanann an Carghas ar feadh 40 lá.

Sin é an uair a chuimhnímid ar an am a chaith Íosa leis féin san fhásach agus ocras air. Bhí sé ag réiteach le Briathar Dé a scaipeadh. Bíonn orainne íobairt a dhéanamh mar a rinne Íosa. Ní ithimid feoil ná táirgí déiríochta go dtí go dtagann Domhnach Cásca.

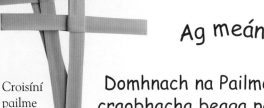

Croisíní pailme

Domhnach na Pailme, tugtar craobhacha beaga pailme dúinn.

Déanaimid é sin chun cuimhneamh ar an lá ar tháinig Íosa isteach go hIarúsailéim ar mhuin asail, an Domhnach roimh an gCáisc. Leag na daoine pailmeacha os a chomhair in ómós dó.

Ag meán oíche, fógraíonn an sagart go bhfuil Íosa tar éis éirí ó na mairbh.

Aoine an Chéasta - an lá ar céasadh Íosa.

Le linn an Aifrinn, baineann an sagart an dealbh de chorp Íosa anuas den chros. Cuireann sé i mbosca adhmaid é. Is siombail den tuama é an bosca. Maisímid an tuama le bláthanna. Siúlann na sagairt timpeall ar an séipéal leis an tuama. Leanaimidne iad, ag breith ar choinnle agus ag canadh iomainn bhrónacha.

Bíonn Aifreann meán oíche againn.

Bíonn coinnle bána againn, ach ní bhíonn siad lasta i dtosach. Ag meán oíche, fógraíonn an sagart go bhfuil Íosa tar éis éirí ó na mairbh. Lasaimid na coinnle an uair sin. Bíonn tinte ealaíne ag pléascadh sa spéir.

An bia Cásca is deise liom ná an cáca milis tsoureki.

As plúr, siúcra agus bainne a dhéantar é. Bíonn féasta Cásca againn i ngairdín mo Dhaideo. Róstaimid uan ar thine oscailte. Tosaímid an réiteach ag a sé a chlog ar maidin.

Arán Cásca ón nGréig

Ubh bheirithe agus í daite dearg

Ubh scoilte – siombal den bheatha úr

Domhnach Cásca, scoiltimid na huibheacha dearga.

Scoiltim m'ubhsa in aghaidh ubh duine eile, a rá "Tá Íosa aiséirithe". Deir an duine eile "Is fíor go bhfuil". Cuirimid dath dearg ar na huibheacha beirithe sa Ghréig, le fuil dhearg Íosa a chur i gcuimhne dúinn.

Sagairt Ghréagacha ag iompar pictiúir de Chríost.

Danilo

An Chroáit
Domhnach na Pailme, nuair a bhíonn an searmanas ar siúl, déanaimid fleascanna leis na pailmeacha atá leagtha ar urlár an tséipéil.

Shirli

An Albáin
Is aoibhinn liomsa an Cháisc. Is breá liom na huibheacha dearga. Dúirt mo mhamó liom gur siombail na beatha iad na huibheacha. An rud is mó a thaitníonn liom sa séipéal faoi Cháisc ná an ceol .

Tar éis an Aifrinn, Luan Cásca, bíonn mórshiúl againn leis na sagairt.
Bíonn bratacha na hEaglaise á n-iompar acu, crosa agus coinnle chomh maith le híocóin – pictiúir speisialta d'Íosa. Mórshiúl an-fhada a bhíonn ann. Am an-naofa den bhliain é. Lá saoire poiblí é Luan Cásca sa Ghréig.

An Lá beannaithe in Eaglais Chincíseach

SEIRBHÍS AN DOMHNAIGH

HANNAH IS AINM DOMSA. Tá mé ocht mbliana d'aois agus tá deartháir agus deirfiúr níos óige ná mé féin agam. Déanann mo chreideamh sona sásta mé. An ceiliúradh is deise liom ná an Nollaig. Bím féin agus mo mhuintir ag tabhairt bronntanas dá chéile, ag ithe bia bhlasta agus ag spraoi. Gach seachtain, téimid chuig an séipéal. Bíonn scoil Domhnaigh againn ann. Déanaimid staidéar ar an mBíobla. Is maith liom éisteacht leis an ministir – cuireann sé ag gáire mé. Tugann ár gcreideamh cúnamh dúinn a bheith go maith gach lá.

Hannah as Gána

Osclaíonn an baisteadh an bealach don Spiorad Naoimh.

San Eaglais Chincíseach, baistear daoine agus iad ina seasamh in uisce. Nuair a thagann an Spiorad chugainn, creidimid go mbímid in ann daoine a leigheas, uaireanta, nó labhairt i dteangacha, nó an t-am atá le teacht a fheiceáil.

Lá speisialta é an Domhnach mar go mbím ag foghlaim rudaí nua ón mBíobla.

Molaimid Dia le hamhráin.

Casann daoine pianó, giotár, drumaí agus dord. Tosaíonn an tseirbhís le paidir agus ansin bímid ag damhsa, ag canadh agus ag gabháil buíochais le Dia faoi gach rud atá déanta aige. Uaireanta, bíonn sé an-ghlórmhar!

Críostaithe ag damhsa le háthas agus iad ag moladh Dé.

Déanaim staidéar ar mo Bhíobla dhá uair in aghaidh na míosa.

An scéal is deise liom ná an uair a rugadh Íosa sa stábla. Is breá liom rudaí nua a fhoghlaim ón mBíobla. Insíonn sé dom faoin ngrá atá ag Íosa dom.

Labhraíonn mo Mham is mo Dhaid i dteangacha nuair a bhíonn siad ag guí.

Uaireanta, líonann an Spiorad Naoimh leis an oiread sin áthais iad go labhraíonn siad i dteanga eile. "Labhairt i dteangacha" a thugtar air sin.

Tháinig an Spiorad Naoimh anuas ar na deisceabail a bhí ag Íosa agus labhair siad i dteangacha.

Cuid de na séipéil, tá siad mór agus tagann go leor daoine gach Domhnach.

Caitheann daoine éadaí deasa chuig an séipéal.

Leanann an tseirbhís ar feadh uair an chloig go leith nó mar sin. Bíonn ceol agus paidreacha ann ar dtús. Ansin, éistimid le seanmóir faoi Dhia. Ansin, molaimid agus móraimid Dia le tuilleadh ceoil. Tar éis na seirbhíse, bím ag spraoi le mo chairde, mo dheirfiúr agus mo dhearthair. Uaireanta, téimid amach le haghaidh béile.

Guímid ar son a chéile.

Uaireanta, nuair a bhíonn duine ag guí ar do shon, leagann siad lámh ar do chloigeann. Tugtar "leagan láimhe" air sin. Déanann sé sona sásta mé.

Iamáice

Is breá liom a bheith ag ceol agus ag damhsa. Is breá liom amhráin faoi Dhia mar go bhfuil an-ghrá agam dó.

Shanté

Siombail

Tá an ghealach agus an réalta mar shiombail ag an gcreideamh Ioslamach. Bíonn an tsiombail le feiceáil ar mhoscanna áirithe agus ar bhratacha tíortha Ioslamacha. B'fhéidir gur roghnaíodh an ghealach mar shiombail mar go bhfuil an bhliain Ioslamach bunaithe ar chéimeanna na gealaí. Bíonn dhá mhí dhéag sa bhliain Ioslamach agus 29 nó 30 lá i ngach mí. 354 lá atá i ngach bliain. Cuireann gealach nua tús le gach mí.

Leabhar naofa

D'fhoghlaim Mahamad briathar Dé de ghlanmheabhair agus mhúin sé dá chompánaigh iad. Scríobh siad sin síos ar fad é i leabhar a dtugtar an Córán air. Cuireann an leabhar síos ar Dhia, ar na cumhachtaí atá aige agus ar rialacha an chreidimh.

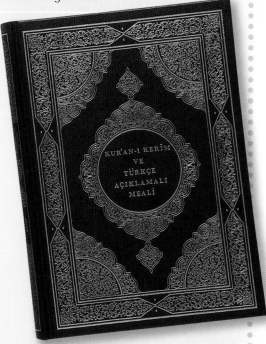

Ioslam

CÚIG HUAIRE SA LÁ, ar fud na cruinne, stopann breis agus billiún duine a leanann an creideamh Ioslamach pé rud atá ar siúl acu agus guíonn siad. De ghnáth, is é an t-ainm Araibise a thugann siad ar Dhia – Allah. Ciallaíonn an focal Ioslam "géilleadh do Dhia". Moslamaigh a thugtar ar dhaoine a bhfuil an creideamh sin acu. Is é an Córán an leabhar naofa atá acu. Aingeal ó Allah a thug briathar Dé don duine a bhunaigh an creideamh Ioslamach, Mahamad.

Tá an teaghlach seo ag léamh an leabhair bheannaithe, an Córán, le chéile. Is sa bhaile is mó a fhoghlaimíonn páistí an creideamh Ioslamach.

Bunaitheoir Ioslaim

Creideann Moslamaigh gur roghnaigh Dia an fáidh Mahamad le briathar Dé a mhúineadh. Rugadh Mahamad i Meice (san Araib Shádach an lae inniu) sa bhliain 570.

Tá an tsnáthaid ar an gcompás speisialta Moslamach seo ag díriú ar chathair Mheice. Díríonn Moslamaigh ar Mheice agus iad ag guí.

Moslamaigh ag adhradh

Léann Moslamaigh an Córán agus guíonn siad, cúig huaire sa lá. Deir siad cuid dá gcuid paidreacha in Araibis, ach is féidir leo labhairt le Dia ina dteanga féin chomh maith, mura bhfuil an Araibis acu. Bíonn siad ag guí sa bhaile, nó le daoine eile, i dteampall a dtugann siad mosc air. Sula siúlann siad isteach sa mhosc, baineann Moslamaigh díobh a mbróga agus níonn siad a lámha, a n-éadan agus a gcosa. Dé hAoine lá beannaithe na Moslamach.

An focal scríofa

Déanann go leor Moslamach cleachtadh ar stíl álainn peannaireachta a dtugtar callagrafaíocht air. Nuair a scríobhann siad briathar Dé, bíonn siad ag iarraidh go mbeidh a gcuid scríbhneoireachta chomh speisialta leis na focail atá á scríobh acu.

Áiteanna naofa

Tá dhá ghrúpa Mhoslamach ann sa chreideamh Ioslamach – na Sunnaíocha, an grúpa is mó, agus na Siaigh. Do na Sunnaíocha, is é Meice an áit is naofa ar domhan. Is ann a rugadh Mahamad. Téann siad ar cuairt go Meice ar a laghad uair amháin i gcaitheamh a saoil. Don ghrúpa eile, na Siaigh, tá an-tábhacht le cathair Karbala, san Iaráic, mar áit naofa.

Cúig cholún Ioslaim

Tá cúig cinn de chúraimí speisialta ar Mhoslamaigh. Bíonn orthu a rá go rialta go gcreideann siad i nDia, bíonn orthu guí cúig huaire sa lá, cúnamh a thabhairt do dhaoine bochta, troscadh ó bhia i gcaitheamh Ramadan, agus cuairt a thabhairt ar Mheice. Sin iad "Cúig cholún Ioslaim".

Brat urláir le guí air.

Tagann na mílte Moslamach Siach ar cuairt chuig mosc an Imam Hussein i gcathair naofa Karbala.

Laethanta móra

An chéad rud a chloiseann leanbh nuabheirthe Moslamach ná a athair ag cogarnaíl an *adhan*, an glaoch chun paidreacha, isteach ina chluas chlé. Nuair a bhíonn an páiste seacht lá ar an saol, bíonn searmanas ann le hainm a thabhairt dó nó di, an *aqiqah*. Uaireanta, bearrtar gruaig an pháiste. Tugtar bronntanas speisialta do na daoine bochta ar lá an bhaiste.

Féilte Móra

Lá Hijra Bliain nua *(an chéad mhí den fhéilire Ioslamach)*
Mawlid al-Nabi Lá breithe Mahamad *(tríú mí)*
Laylat al-Qadr Oíche na Cumhachta *(naoú mí, i dtreo dheireadh Ramadan)*
Eid al-Fitr Deireadh Ramadan *(deichiú mí)*
Dhu al-Hijja Hajj *(dara mí dhéag)*
Eid al-Adha Féile na hÍobartha *(dara mí déag)*

Cá bhfuil cónaí ar Mhoslamaigh?

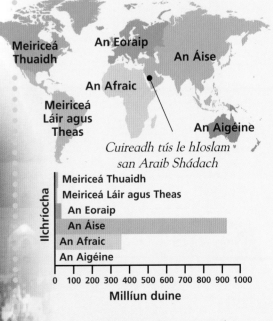

Cuireadh tús le hIoslam san Araib Shádach

Ilchríocha	Milliún duine
Meiriceá Thuaidh	
Meiriceá Láir agus Theas	
An Eoraip	
An Áise	
An Afraic	
An Aigéine	

0 100 200 300 400 500 600 700 800 900 1000
Milliún duine

Tá cónaí ar bheagnach aon trian de Mhoslamaigh i dtuaisceart na hAfraice agus sa Mheán Oirthear. I lár agus i ndeisceart na hÁise atá an chuid is mó acu. Tá pobail bheaga eile ann san Eoraip agus i gcríocha Mheiriceá.

Cúig chúram a bhíonn ar Mhoslamach

Cúig cholún Ioslaim

Is mise Rachid agus tá mé naoi mbliana d'aois. Is breá liom peil a imirt agus éisteacht le ceol. Is é creideamh Ioslaim an creideamh a bhfuil eolas agamsa air. Múineann sé dom conas a bheith go maith le daoine agus a bheith múinte agus cineálta. Téim chuig an mosc go minic i gcaitheamh na seachtaine agus gach Aoine – lá beannaithe é sin. Tá cúig cholún Ioslaim an-tábhachtach, mar sin iad na rudaí a mbíonn ar Mhoslamach a dhéanamh le taispeáint go bhfuil meas aige ar Allah.

Rachid as Maracó

Deirim go gcreidim.
Nuair a chloisim an glaoch chun paidreacha, deirim i gcónaí "Níl dia ar bith eile ann ach Allah agus is é Mahamad a theachtaire". Sin é céad cholún Ioslaim – a rá go gcreideann tú.

5 Ar deireadh, casaim mo chloigeann ar dheis agus ar chlé. Guím go raibh síochán Allah le gach éinne.

4 Ansin, téim ar mo ghlúine agus guím go ciúin. Críochnaím le paidir don phobal a rá.

3 Ansin, íslím mo chloigeann go dtí go mbíonn mo bhaithis buailte leis an talamh. Taispeánann sé sin go bhfuil an-mheas agam ar Allah.

Bím in ann díriú níos fearr nuair a bhím ag guí sa mhosc.
Is é an dara colún Ioslamach ná go mbíonn ort guí cúig huaire sa lá. Tagann an glaoch chun paidreacha ón mosc i gcónaí. Tá callairí móra ar bharr an túir, ionas go gcloisfidh gach duine an glaoch. Sula nguímid, déanaimid wudu – nímid ár n-éadan, ár lámha agus ár gcosa. Ansin, dírímid ar Mheice agus guímid.

2 Cromaim mo chloigeann le meas ar Allah a thaispeáint agus deirim véarsa ón gCórán. Sa mhosc, deir an imam an véarsa – sa bhaile, deirim féin é.

1 Dírím i dtreo Mheice – an treo óna n-éiríonn an ghrian. Tosaím leis na focail "Allah Akbar" (Is é Allah is tábhachtaí ar fad)

Bíonn orainn cúnamh a thabhairt do dhaoine bochta.

Ciallaíonn zakat airgead a thabhairt chun cabhrú le daoine eile. Sin é tríú colún Ioslaim. Mura mbíonn mórán airgid agat ní bhíonn ort zakat mór a íoc, ach bíonn ar gach duine rud éigin a thabhairt. Má thugann tú cuairt ar dhaoine atá tinn nó ar sheandaoine atá uaigneach, sin cineál eile zakat.

An Tuirc
San áit a bhfuil cónaí ormsa, in Iostanbul, ní théann páistí chuig an mosc de ghnáth. Bíonn siad ag foghlaim an chreidimh óna dtuismitheoirí agus óna seantuismitheoirí.

Cemi

Cuirimid airgead i mbosca speisialta sa mhosc chun cabhrú le daoine eile.

Léiríonn cúig cholún Ioslaim meas ar Allah agus ar dhaoine eile

Le linn Ramadan, déanaimid troscadh mar a rinne Mahamad, fadó.

Ní bhíonn cead againn ithe ó éirí go luí na gréine. Tar éis don ghrian dul a luí, ithimid béile simplí – anraith agus arán, cuir i gcás. Cabhraíonn an ceathrú colún linn tuiscint a bheith againn do dhaoine a mbíonn ocras orthu.

Khulud

Bíonn ar gach duine turas a dhéanamh go Meice.

An hajj a thugaimid ar an turas sin – cúigiú colún Ioslaim. Nuair a imíonn daoine go Meice, caitheann siad éadaí simplí, ionas go mbeidh gach duine mar a chéile. Tugann siad cuairt ar an Mosc Beannaithe agus siúlann siad timpeall ar scrín Chába seacht n-uaire.

An Ghearmáin
Bímse ag guí ag an mosc gach Aoine. Bíonn go leor daoine ann. Tá áit amháin ann do na fir agus áit eile do na mná.

Foirgneamh mór agus cruth ciúib air atá sa Chába. Bíonn sé clúdaithe le héadach dubh.

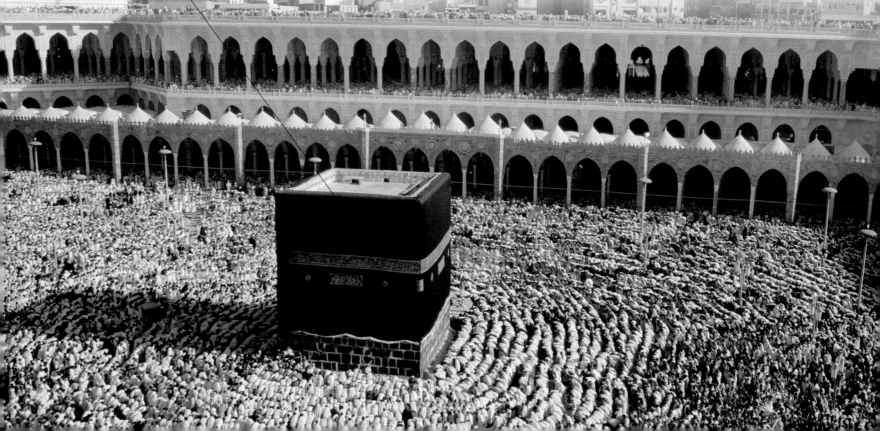

Troscadh míosa - agus féasta ina dhiaidh

RAMADAN AGUS EID AL-FITR

Uisce

Dátaí úra

IS MISE LEENA agus tá mé naoi mbliana d,aois. Nuair a bheidh mé mór ba mhaith liom a bheith i mo thréidlia mar is breá liom ainmhithe.

Leena as an Iordáin

I mbliana, bhí Ramadan an-speisialta dom. Don chéad uair i mo shaol, bhí mé ag troscadh ar feadh na míosa le mo mhuintir. Ansin, tháinig féile Eid al-Fitr agus bhí ceiliúradh mór againn. Tá Eid ar cheann de na laethanta is speisialta sa bhliain iomlán.

Téimid ar scoil i gcaitheamh Ramadan.

Le linn Ramadan, ní bhíonn cead ag Moslamaigh ithe ná hól ó éirí go luí na gréine. "Troscadh" a thugtar air seo. Taispeánann sé d'Allah go bhfuil ómós againn dó. Bhí sé deacair a bheith ag obair ar scoil agus gan tada ite ná ólta ó mhaidin againn, ach bhí na múinteoirí an-deas linn.

Ithimid roimh éirí na gréine.

Tosaíonn an troscadh nuair a chloisimid an glaoch chun paidreacha. Ní raibh ocras orm, ach amháin an cúpla lá deiridh. Nuair a imíonn an ghrian a luí, ithimid dátaí agus ólaimid uisce.

An oíche is naofa de Ramadan ná Laylat al-Qadr, Oíche na Cumhachta.

Sin an oíche ar sheol Allah an Córán chuig Mahamad. Fanaimid ina suí ar feadh na hoíche ag guí sa mhosc, nó sa bhaile. Bhí mise i mo shuí go dtí a dó a chlog ar maidin.

Tugaimid airgead do na daoine bochta.

Réitíonn mo mhamaí bia agus tugaimid é do pháistí nach bhfuil mamaí nó daidí ar bith acu. Bailímid pluideanna agus éadaí chomh maith agus tugaimid amach ag an mosc iad.

Bosca airgid sa mhosc

Gealach nua, sin tús míosa nua.

Fanaimid ar an ngealach nua le taispeáint dúinn go bhfuil Ramadan thart agus go bhfuil Féile an Eid tagtha.

Cuimhnímid ar Allah agus braithimid níos gaire dó ná ag am ar bith eile

Cuirimid cártaí Eid chuig ár muintir agus ár gcairde.

Oíche na féile Eid, glaoimid ar an bhfón ar ár muintir agus ar ár gcairde le comhghairdeas a dhéanamh leo.

Cuirimid fáilte roimh dhaoine isteach sa teach, aimsir Eid.

Caithimid éadaí nua le fáilte a chur roimh na cuairteoirí. Tugaimid caife Arabach dóibh agus seacláidí.

Bíonn lón Eid agam féin agus mo mhuintir.

Don lón, déanann mo mhamaí sicín, rís Arabach le feoil mhionnaithe, cairéid agus piseanna le rísíní agus cnónna. Stopaim uaireanta, mar bím ag cuimhneamh gur chóir dom a bheith fós ag troscadh. Ansin, cuimhním go bhfuil troscadh Ramadan thart.

An Afganastáin

Ní bhíonn mórán bia ag daoine bochta ar feadh na bliana ar fad. Nuair a bhímid ag troscadh, aimsir Ramadan, tuigimid níos fearr do na daoine sin.

Omar

Sasana

Le ceiliúradh a dhéanamh ar an bhféile Eid, téimid ar cuairt chuig ár muintir, téimid chuig páirceanna spraoi agus chuig an zú.

Yasmin

Ag leanacht rialacha Allah ó lá go lá

AN CÓRÁN AGUS AN SAOL

IS MISE INÈS. Níl deartháir ná deirfiúr agam ach tá thart ar 30 col ceathrar agam. Is breá liom imeacht ar saoire le mo mhuintir. Uaireanta, tugaimid cuairt ar ghaolta linn san Ailgéir, i Maracó agus i Nua Eabhrac. Tá mosc in aice le mo theach. Istigh ann, tá go leor scríbhneoireacht álainn ón gCórán ar na ballaí. Tá cúpla cóip den Chórán sa bhaile againn. Tá eolas ann faoin mbealach ar mhaith le hAllah go gcaithfimis ár saol. Ba chóir do gach Moslamach na rialacha sin a leanacht.

Inès ón bhFrainc

Focal Allah atá sa Chórán.

Taispeánaimid go bhfuil meas againn ar an gCórán. Sa mhosc cuirtear ar sheastán speisialta é. Léimid na focail ó dheis go clé. Tá briathar Allah speisialta, is cuma cén chaoi a scríobhtar é.

Scríobhaimid briathar Allah ar bhealach álainn.

Uaireanta, feicim focail ón gCórán scríofa ar bhealach álainn. Callagrafaíocht a thugtar air. Léann gach Moslamach an Córán in Araibis, is cuma cén áit a bhfuil cónaí orthu nó cén teanga atá acu féin.

Soshi

An Bhanglaidéis
Aimsir Eid al-Fiud, dúisímid go luath chun guí. Bíonn bia álainn againn – curia agus sicín tikka. Bíonn spin mhaith ar gach duine.

An Afganastáin
Tá na rialacha ar fad don saol le fáil sa Chórán, In Araibis atá sé scríofa. Ba mhaith liom an Araibis a fhoghlaim nuair a bheidh mé níos sine.

Andaleep

Bíonn meas agam ar sheandaoine.

Sílim gur chóir duit meas a bheith agat ar sheandaoine mar tá siad tar éis saol fada a chaitheamh agus tá go leor ar eolas acu. Is breá liom éisteacht le mo sheantuismitheoirí ag caint faoin saol a bhí acu nuair a bhí siad óg.

Deir an Córán linn gur chóir dúinn gléasadh ar bhealach áirithe.

Caitheann formhór na gcailíní a bhfuil aithne agamsa orthu scaif ar a gceann nuair a théann siad amach. Ó aois a dó dhéag ar aghaidh, bíonn orthu iad féin a chlúdach ar fad, seachas a n-éadain agus a lámha. Caitheann buachaillí caipíní.

Tá na cailíní seo ag caitheamh scaifeanna

Bíonn na cosa agus na géaga clúdaithe chomh maith.

Ba mhaith liom briathra an Chóráin a fhoghlaim de ghlanmheabhair nuair a bheidh mé mór.

Táim ag foghlaim Araibise.

Téim chuig an mosc ar feadh trí uair an chloig gach Satharn, leis an gCórán a fhoghlaim de ghlanmheabhair. D'fhoghlaim Mahamad briathar Allah de ghlanmheabhair nuair a labhair an t-aingeal Gáibriéil leis. Taispeánaimse go bhfuil meas agam ar Allah nuair a dhéanaim féin an rud céanna.

Ní ithimid ach bia áirithe.

Níl cead ag Moslamaigh muiceoil a ithe, alcól a ól ná fuil a bhlaiseadh. Maraíonn búistéirí Moslamacha halal na hainmhithe ar bhealach a bhaineann an fhuil ar fad as an bhfeoil. Ceannaímidne feoil ó bhúistéir halal i gcónaí.

Turas speisialta chuig cathair naofa Ioslaim

HAJJ AGUS EID AL-ADHA

Mohammed as Dubai

IS MISE MOHAMMED agus tá mé trí bliana déag d'aois. Tugann mo chreideamh misneach agus suaimhneas aigne dom. Téim chuig an mosc gach lá. An áit is deise liom ann ná an chéad trí shraith chun tosaigh, taobh thiar den imam – sin iad na daoine a mbeidh Allah ag breathnú orthu. Ceann de na rudaí a mbíonn ar Mhoslamaigh a dhéanamh ná imeacht ar thuras speisialta, nó hajj, go Meice. Tá an turas hajj ar cheann de chúig cholún Ioslaim.

An Hajj – cuairt ar chathair naofa mheice.

An Cába a thugtar ar theach naofa Allah istigh sa Mhosc Mór. Tá sé clúdaithe le héadach dubh agus maisithe le litreacha órga ón gCórán. I gcúinne amháin den Chába, tá cloch ann a thit anuas ó neamh.

Dualgas reiligiúnach é an Hajj.

Ní théann páistí óga ar an Hajj de ghnáth. Foghlaimíonn siad faoin tábhacht a bhaineann leis an turas agus iad ag ligean orthu go bhfuil siad ar Hajj, sa mhosc sa bhaile.

Samhail den Chába agus é clúdaithe le héadach dubh.

Páistí gléasta in éadach bán ag siúl timpeall ar an scrín seacht n-uaire.

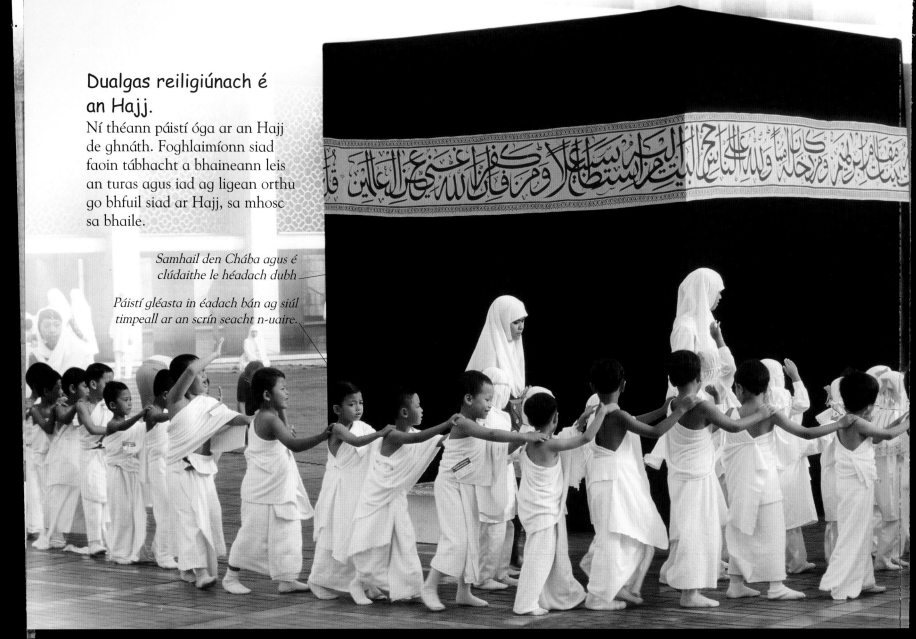

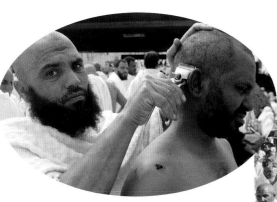

Caitheann gach duine róbaí bána

Bíonn pubaill ann do na cuairteoirí.

Campálann Moslamaigh in aice leis na háiteanna beannaithe.

Bíonn orthu siúl seacht n-uaire idir dhá chnoc bheaga in aice leis an gCába. Ar an dara lá den hajj, tugann siad cuairt ar áit darbh ainm Ararat. Fanann daoine ann ag guí go dtí go mbíonn sé dorcha, chun bheith leo féin le hAllah.

Réitíonn gach duine don turas

Cuireann siad orthu róbaí simplí bána. Fógraíonn siad os ard an grá atá acu d'Allah. Guíonn siad agus iad ag siúl seacht n-uaire timpeall ar an gCába. Go minic faigheann mná bearradh gruaige. Uaireanta, bearrann fir anuas a gcuid gruaige ar fad. Sin é an rud a rinne mo Dhaid agus mo dheartháir.

Ólann gach duine an t-uisce beannaithe.

Téann gach duine chuig tobar Zamzam leis an uisce a ól. Sula n-ólann siad é, guíonn siad ar son rud éigin atá tábhachtach dóibh.

Buidéal uisce zamzam

Léiríonn an Hajj ár gcreideamh i nDia

Déanann Eid deireadh an Hajj a cheiliúradh.

Déanaimid ar fad ceiliúradh ar an Eid, fiú muna bhfuilimid tar éis a bheith ar an Hajj. Gléasaimid go deas. Tagann mo mhuintir ar fad le chéile chun béile a ithe. Tugann na daoine is sine airgead do na páistí leis an lá a dhéanamh níos speisialta fós. Is breá liom é.

Brioscaí Ma'moul

Cnapóga triomaithe iógairt

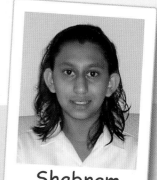

Shabnam

An Tuirc
Teach Allah é an Cába i gcathair naofa Mheice. Déanann an hajj níos láidre thú, níos deise agus níos dílse d,Allah. Ba bhreá liom dul ann nuair a bheidh mé níos sine.

Emre

An India
Ba bhreá liom dul chuig cathair naofa Meice – bíonn cead agat do rogha rud a ithe ag an Eid ann. Ba bhreá liom an mosc mór a fheiceáil agus an Cába chomh maith.

Junaid

An Afraic Theas
Is breá liom an Eid, mar go dtagann mo mhuintir ar fad le chéile. Tugaimid bronntanais dá chéile agus milseáin.

CREIDIMH EILE

CHOMH MAITH LE REILIGIÚIN mhóra an domhain, tá grúpaí eile ar fud na cruinne, grúpaí níos lú ná na cinn mhóra, a bhfuil creidimh eile acu. Tá cuid de na reiligiúin seo bunaithe ar thraidisiúin a théann i bhfad, i bhfad siar. Cuid eile, is le gairid a tháinig siad chun cinn. Cuirfidh na leathanaigh seo a leanas cuid de na creidimh eile sin i láthair.

Tá na mná seo ón gCóiré ag déanamh damhsa traidisiúnta i gcaitheamh *Sokchonje*, féile Earraigh a bhaineann leis an gcreideamh Confúiceach.

Sóróstarachas

Siombail

Tá trí shraith cleití ar an tsiombail *Farohar* a sheasann do trí cholún an chreidimh – obair mhaith, smaointe maithe agus gníomhartha maithe. Seasann an ciorcal sa lár do bhunaitheoir an chreidimh, Sóróstar.

Is é an Sóróstarachas an creideamh is sine ar domhan, seans. Timpeall 150,000 duine a leanann é agus is san India atá cónaí ar an gcuid is mó acu. Creideann na Sóróstaraigh i nDia amháin, *Ahura Mazda*, an té a chruthaigh gach rud. Má dhéanann siad rudaí maithe, má bhíonn smaointe maithe acu agus má chaitheann siad saol maith, creideann Sóróstaraigh go mbeidh an bua acu ar an olc.

An léine naofa

Tagann páistí isteach sa chreideamh ag searmanas speisialta. Caitheann an páiste *sudreh* nó léine naofa. Taispeánann an léine bhán seo go bhfuil spiorad an duine glan. Castar *kushti*, nó snáth naofa timpeall ar bhásta an pháiste trí huaire. Tugann an léine agus an snáth cosaint don pháiste ó dhrochrudaí sa saol.

Altóir na tine

Déanann na Sóróstaraigh adhradh os comhair tine, mar is é Ahura Madza foinse gach solais ar an saol seo. Sa bhaile, coinníonn siad pota tine ag dó i gcónaí. Guíonn siad os a comhair cúig huaire sa lá.

Teampall Tine

Tá na buachaillí seo ina seasamh taobh amuigh de theampall san Iaráin. Teampall tine a thugtar ar an gcineál séipéil atá ag na Sóróstaraigh. Taobh istigh ann, coinníonn sagairt tine speisialta ar lasadh an t-am ar fad. Tá cuid de na tinte seo ar lasadh leis na céadta bliain.

Sinteochas

SINTEOCHAS IS AINM DO shean-chreideamh na Seapáine. Níl sé ar fáil in áit ar bith eile. Níor chuir aon duine amháin tús leis an gcreideamh, ach tá sé bunaithe ar nósanna traidisiúnta. Ciallaíonn an focal Sinteo "an bealach chuig na déithe". Creideann Sinteoigh go bhfuil na milliúin déithe inár dtimpeall an t-am ar fad. "Kami" a thugtar ar na déithe sin.

Na céadta guíonna

Tugann daoine cuairt ar scrín ag ócáidí speisialta ina saol, nó le laethanta naofa a cheiliúradh. Scríobhann siad paidreacha ar chártaí agus ceanglaíonn siad le crann ag an scrín iad, ionas go n-éistfidh na *kami* lena nguí.

Kami Sinteoch a chuireann an t-ádh ar dhaoine. Daikoku is ainm dó. Bíonn Búdaithe á adhradh chomh maith.

Siombail

Seo geata *torii*, siombail den chreideamh Sinteoch. Tugann an *torii* cuireadh do dhaoine teacht isteach sa scrín agus a bheith ag adhradh. Uaireanta, tógtar *torii* mar shiombail d'áilleacht an nádúir.

Ag drumadóireacht don *Kami*

Tá an sagart Sinteoch seo ag bualadh druma mór millteach *taiko*, in Kyoto na Seapáine. Nuair a théann daoine isteach i scrín Sinteoch, buaileann siad a mbosa, le haird na kami a fháil. Buaileann na sagairt na drumaí le rá leis na kami go bhfuil cuairteoirí taobh amuigh.

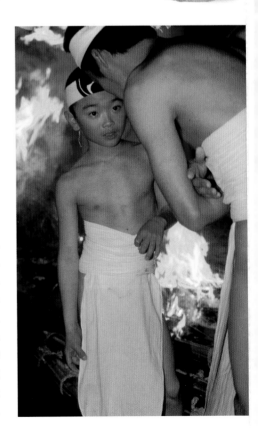

Féile Obon

Aimsir Obon, nó Féile na Marbh, creideann Sinteoigh go dtagann anamacha a sinsear ar ais ar cuairt. Tugann daoine cuairt ar uaigheanna a muintire. Ag deireadh na féile, lastar tinte móra le slán a fhágáil leis na hanamacha ar feadh bliana eile.

Taochas

Is CREIDEAMH É AN TAOCHAS a chabhraíonn le daoine tuiscint a fháil ar an bhfuinneamh, nó an chumhacht a cheanglaíonn gach rud beo le chéile. Ciallaíonn an focal Tao "cosán" nó "bealach". Fear Síneach darbh ainm dó Lao-tzu a chuir tús leis an Taochas sé chéad bliain roimh Chríost. Creideamh pearsanta atá sa Taochas agus is faoi gach duine atá sé tuiscint a fháil ar an Tao.

Siombail

"Yin-yang" is ainm don tsiombail atá ag an Taochas. Ciallaíonn *yin* dorchadas agus *yang* solas. Taispeánann an tsiombail dhá fhórsa atá go hiomlán difriúil óna chéile, ag obair as lámh a chéile i ngach rud.

Trí chosán

Le breis agus dhá mhíle bliain, tá na trí phríomhchreideamh sa tSín – an Búdachas, an Confúiceachas agus an Taochas tar éis maireachtáil taobh lena chéile. Tá na trí chreideamh tar éis smaointe a fháil óna chéile agus ó sheanchreidimh na Síne.

An triúr a bhunaigh creidimh na Síne – Búda (ar chlé), Confúiceas (lár) agus Lao-tzu (ar dheis).

Tai chi

Tá an fear seo ag déanamh cleachtaí leis an bhfuinneamh Tao a chur ag gluaiseacht trína cholainn. Breathnaíonn Tai chi ar nós cleachtadh coirp, ach do na Taoigh, tá i bhfad níos mó ná é sin i gceist leis. Tai – sin é an fuinneamh atá i ngach rud; chi – sin gluaiseacht na cumhachta sin. Tugann tai chi neart agus fuinneamh iomlán an duine le chéile.

Taoch ag cleachtadh tai chi os comhair teampaill sa tSín.

Taoigh ag adhradh

Tá tábhacht sa Taochas le bheith ag cantaireacht nó ag machnamh sa bhaile, nó ag guí os comhair altóra. Tá sagairt ag na Taoigh chomh maith agus teampaill. Bíonn searmanais reiligiúnacha acu. Uaireanta, bíonn an teampall tógtha go speisialta le dia nó bandia amháin a adhradh.

Siombail

Ní bhíonn aon Dia á adhradh ag Jainigh. Leanann siad sampla an cheathrair mhúinteora is fiche – na Tirhankara. Bíonn dealbh de na múinteoirí le feiceáil ina gcuid teampall.

Jaineachas

CREIDEANN JAINIGH go dtéann gach rud a smaoiníonn siad, a deir siad agus a dhéanann siad i bhfeidhm ar a saol. Níl cead acu rud ar bith beo a ghortú. Sean-chreideamh Indiach atá sa Jaineachas. Is sa tír sin atá cónaí ar an gcuid is mó den chúig mhilliún duine a leanann an creideamh.

Meas ar ainmhithe

Ní itheann Jainigh rud ar bith ach glasraí agus torthaí. Déanann siad a ndícheall gan ainmhithe a mharú. Clúdaíonn manaigh Jaineacha a mbéil, fiú, ionas nach ngortóidh siad aon fheithid bheag lena gcuid anála.

Tá an Jaineachas cosúil leis an Hiondúchas – ó thaobh meas a bheith ar ainmhithe, mar shampla.

Ealaín Jaineach

Seo dealbh de Mahavira, an tIndiach a chuir tús leis an Jaineachas sa séú haois. Creideann Jainigh gurbh eisean an múinteoir mór deireanach creidimh a mhair fadó. Sa phictiúr seo, tá an dealbh á ní (féach thíos).

Féile Níochán Dealbh

Uair amháin in aghaidh gach dhá bhliain déag, tagann Jainigh le chéile ag teampall naofa i ndeisceart na hIndia le haghaidh féile níochán dealbh. Caitheann siad éadach ildaite agus doirteann na sagairt potaí uisce cócó agus spíosraí ar na dealbha.

Mórshiúl Jaineach i rith na féile, in aice Jaisalmer, an India.

Baha'i

CUIREADH TÚS LEIS an gcreideamh Baha'i thart ar chéad caoga bliain ó shin sa Pheirs, nó san Iaráin mar a thugtar anois uirthi. Creideann an lucht Baha'i nach bhfuil ann ach Dia amháin do gach duine ar domhan, cé go bhfuil ainmneacha éagsúla ag daoine éagsúla air. Creideann siad go bhfuil gach duine chomh maith leis an gcéad duine eile. An aidhm atá ag an gcreideamh Baha'i ná go mbeadh síocháin ann i measc daoine de gach cineál.

Siombail
Seasann na triantáin seo atá ceangailte le chéile don chaoi a bhfuil gach duine agus gach creideamh aontaithe. Réalta a bhfuil naoi rinn uirthi atá i gceist. Is é an uimhir naoi uimhir na haontachta.

Lucht Baha'i ag adhradh

Níl aon sagart ná ceannaire reiligiúnach ag an lucht Baha'i. Bíonn daoine a bhfuil meas sa phobal orthu i mbun na seirbhísí. Tagann siad le chéile i dtithe daoine. Tá foirgnimh speisialta, cosúil le séipéil chomh maith acu. Bíonn naoi dtaobh ar go leor acu.

Gairdíní Baha'i

Is minic go mbíonn gairdíní áille timpeall ar theampall Baha'i. Is cuid é an gairdín sa phictiúr thuas de Scrín an Bab in Haifa, san Iosrael. Bhunaigh fear darbh ainm Baha'u'llah agus a mhúinteoir, Bab, an creideamh sa bhliain 1863. Thug sé a lucht leanúna le chéile i ngairdín in aice le Bagdad, san Iaráic, agus dúirt sé leo gur cuireadh ar an saol é le treoir a chur orthu.

Teampall na loiteoige, Deilí, An India.

Foclóir

Seo roinnt focal a casadh ort agus tú ag léamh **Seo é mo chreideamh**

Adhradh Tá go leor bealaí ann le Dia a adhradh – guí, nó freastal ar sheirbhísí reiligiúnacha, leabhair naofa a léamh, nó ofrálacha a dhéanamh. Mothaíonn daoine grá láidir, nó meas mór ar Dhia nuair a bhíonn said á adhradh.

Aifreann An ceiliúradh a dhéanann an Eaglais Rómhánach Chaitliceach ar an Eocairist, nó an Chomaoineach Naofa.

Aingeal Neach nó rud spioradálta a thugann cúnamh do Dhia nó do na déithe. Is minic go mbíonn teachtaireacht ag aingeal.

Aiséirí Sa chreideamh Críostaí, tugtar an tAiséirí ar an gcaoi ar éirigh Íosa ón mbás ar an tríú lá i ndiaidh dó a bheith curtha chun báis ar an gcros.

Anam An chuid den duine seachas a cholainn, nó corp, an rud a dhéanann speisialta agus beo ar an saol é – a spiorad.

Arán challah Arán déanta le huibheacha a itear ag béile Giúdach na Sabóide agus ar laethanta speisialta.

Athionchollú An smaoineamh nach bhfaigheann anam an duine bás ach go dtagann sé ar an saol arís is arís mar dhuine difriúil, mar ainmhí, mar phlanda nó mar rud neamhbheo.

Baisteach Duine a leanann grúpa áirithe Críostaí, an Eaglais Bhaisteach. Baisteann na Baistigh daoine agus iad fásta suas. Leanann siad rialacha an Bhíobla agus bíonn daoine éagsúla sa phobal ina gceannairí ar an eaglais ó am go céile.

Bar Mitzvah Ceiliúradh Giúdach do bhuachaill nuair a bhíonn sé trí bliana déag le duine fásta a dhéanamh de sa chreideamh. Ciallaíonn Bar Mitzvah "Mac na nAitheanta". Nuair a bhíonn cailíní Giúdacha dhá bhliain déag d'aois, bíonn ceiliúradh "Bat Mitzvah" acu siúd – "Iníon na nAitheanta".

Beannaithe Rud éigin naofa, speisialta, glan de bharr go mbaineann sé le Dia.

Bimah Seastán sa tsionagóg Ghiúdach. Seasann an raibí ann agus léitear an Tóra uaidh.

Cáisc na nGiúdach nó Uan Cásca (Passover) Féile Ghiúdach a dhéanann ceiliúradh ar éalú na nGiúdach ón sclábhaíocht san Éigipt.

Caitliceach Ciallaíonn an focal "uilíoch" (do gach duine) ach de ghnáth cuireann sé síos ar bhall den Eaglais Rómhánach Chaitliceach, creideamh Críostaí a dhéanann ceiliúradh ar Aifreann agus a ghlacann le focal a gceannaire, an Pápa, mar fhocal Dé.

Ceartchreidmheach (Críostaí nó Giúdach) Cur síos ar chreideamh traidisiúnta agus bealaí leis an gcreideamh sin a thuiscint, bealaí nach bhfuil aon athrú tar éis teacht le fada, fada orthu.

Céasadh Seanbhealach a bhí ag na Rómhánaigh le daoine a chur chun báis. Cheanglaítí lámha agus cosa an duine le cros adhmaid ag úsáid rópaí nó tairní. Deir an Bíobla linn go bhfuair Íosa Críost bás ar an gcaoi seo.

Cincíseach Duine de chreideamh áirithe Críostaí a chreideann go láidir sa Spiorad Naoimh agus an cumas atá le fáil uaidh chun leigheas a dhéanamh nó labhairt i dteangacha naofa.

Cóineartú Searmanas san Eaglais Chríostaí a dhéanann easpag, le creideamh an duine a athnuachan (a dhéanamh nua arís). Déantar go minic ag aois dhá bhliain déag é, nó beagán níos sine.

Creideamh Focal eile ar reiligiún. Ciallaíonn sé chomh maith muinín iomlán a bheith agat as smaoineamh nó as duine éigin.

Deasghnáth Ná nósanna nó na rudaí a dhéantar le linn searmanas reiligiúnach a bheith ar siúl.

Déirc Bronntanas airgid nó rud éigin eile a thugtar chun cabhrú le duine bocht.

Deisceabal Lucht leanúna nó scoláirí a chreideann sna smaointe atá ag a gceannaire agus a chabhraíonn leis na smaointe sin a scaipeadh. Sa Chríostaíocht, mar shampla, bhí 12 deisceabal ag Íosa.

Dhamma Sa Bhúdachas, an t-ainm ar theagasc (ceachtanna) iomlán Bhúda – an bhunfhírinne, dar leo.

Dharma Do dhualgas nó do chúram a chomhlíonadh, nó a dhéanamh, sa chreideamh Hiondúch. Ceann de cheithre sprioc na beatha é an dharma.

Dlíthe Na rialacha is cóir do dhaoine a leanacht agus iad ag déileáil lena chéile. Leagann an Tóra Giúdach amach, mar shampla, na rialacha is cóir do Ghiúdaigh leanacht sa saol.

Easpag Duine in Eaglais Chríostaí atá i gceannas ar na sagairt, ó thaobh a gcuid oibre agus a gcúrsaí spioradálta chomh maith.

Fáidh Duine atá in ann toil Dé (an rud atá ag teastáil ó Dhia) a thuiscint níos fearr ná an gnáthdhuine.

Féile Lá nó laethanta speisialta sa bhliain reiligiúnach atá leagtha amach le ceiliúradh a dhéanamh, nó le féasta a bheith ann.

Gatka Ealaín troda (martial art) a bhaineann leis na Saícigh. Tugtar gatka chomh maith ar mhaide a úsáidtear le troid claímhe a chleachtadh.

Guí Bealach chun labhairt le Dia. Tá roinnt paidreacha ann a bhfuil focail iontu nach n-athraíonn riamh. Deirtear an bealach céanna i gcónaí iad.

Gúrú Múinteoir nó treoraí spioradálta nó reiligiúnach.

Íobairt An nós atá ann bia nó beatha ainmhí nó duine a ofráil do Dhia lena adhradh.

Iomann Amhrán speisialta a thugann moladh do Dhia nó a chantar mar phaidir.

Kama Sa chreideamh Hiondúch, taitneamh a bhaint as an saol, go minic sa cheol, sa damhsa nó san ealaín. Tá Kama ar cheann de cheithre sprioc na beatha ag na Hiondúigh.

Karma Téarma Hiondúch, a deir go bhfillfidh gach rud a dhéanann an duine, idir mhaith agus olc ar an duine a dhéanann é, sa saol seo, nó i saol eile. Creideann go leor Búdaithe chomh maith go leagann an duine amach na rudaí a tharlóidh dó amach anseo leis na rudaí a dhéanann sé anois.

Léargas Tuiscint níos doimhne agus níos soiléire ná an ghnáth-thuiscint ar chreideamh agus ar an saol. Sa Bhúdachas, má bhaineann an duine an sprioc nó an aidhm seo amach, tá siad saor ar bhealach speisialta agus is féidir leo saol an-reiligiúnach, an-smaointeach a chaitheamh uaidh sin amach.

Machnamh Bealach le bheith ar do shuaimhneas ionas gur féidir le d'intinn díriú ar smaointe spioradálta.

Mahayana An traidisiún Búdaíoch atá ar fáil sa tSín, sa tSeapáin, sa Chóiré agus i Vítneam. Múineann an traidisiún Mahayana go gcaithfidh daoine an bealach chun na fírinne a aimsiú iad féin, ach go bhfuil sé díreach chomh tábhachtach céanna daoine eile a thabhairt leo chun na fírinne.

Mainistir Pobal nó grúpa manach nó mná rialta a chónaíonn le chéile lena gcreideamh a chleachtadh.

Mela Aonach nó féile reiligiúnach san India.

Moksha Sa chreideamh Hiondúch, saoirse a bhaint amach ó chiorcal na beatha agus an bháis. Is é Moksha ceathrú sprioc na beatha ag na Hiondúigh.

Mórshiúl Líne mhór fhada daoine ag siúl.

Muezzin An duine sa chreideamh Moslamach a ghlaonn an pobal chun paidreacha, cúig huaire sa lá.

Naofa Rud éigin a bhaineann le Dia nó leis na déithe. Is féidir a rá go bhfuil daoine, rudaí, féilte agus áiteanna áirithe naofa.

Naomh Lucia Mairtíreach óg (duine a fuair bás ar son a creidimh) atá aitheanta mar naomh san Eaglais Chaitliceach agus san Eaglais Chríostaí Cheartchreidmheach. Sa tSualainn agus san Iorua, déantar í a cheiliúradh le féile solais i lár an gheimhridh.

Neach Rud éigin nach bhfuil neamhbheo (tá cloch neamhbheo, cuir i gcás)

Nós Cleachtadh nó bealach le rud éigin a dhéanamh a bhfuil glacadh le fada leis.

Ofráil Airgead, bia, bláthanna nó féirín éigin eile atá bronnta ar shéipéal nó ar theampall le meas a thaispeáint agus le buíochas a ghabháil.

Ómós Meas an-mhór a bheith agat ar dhuine nó ar rud éigin, agus an meas sin a thaispeáint.

Osnádúrtha Rud éigin nach féidir a mhíniú de réir an tsaoil nádúrtha, rud atá os cionn an nádúir.

Paidrín Sa chreideamh Caitliceach, sraith clocha beaga, nó coirníní (beads) atá ceangailte le chéile ar shnáth nó ar shlabhra. Bíonn cúig cinn de ghrúpaí de dheich gcoirnín ann agus coirnín amháin idir gach grúpa. Bíonn cros ar an bpaidrín chomh maith. Úsáidtear an paidrín le paidreacha a chóireamh.

Pobal Grúpa daoine a bhfuil an creideamh céanna acu, mar shampla.

Protastúnach Grúpa ar leith taobh istigh de mhórghrúpa an chreidimh Chríostaí. Sa 16ú haois, i dtuaisceart na hEorpa, thriail Protastúnaigh an Eaglais Chaitliceach a athrú mar gur chreid siad go raibh sí tar éis imeacht ar strae. (Tagann an t-ainm Béarla "Protestants" ón mbriathar "protest"). Sa deireadh, nuair nár éirigh leo an Eaglais a athrú, d'fhág na Protastúnaigh an Eaglais Chaitliceach ar fad.

Raibí Ceannaire spioradálta sa chreideamh Giúdach. Scoláire agus múinteoir a bhíonn sa raibí a mbíonn an-eolas aige ar dhlíthe an chreidimh Ghiúdaigh.

Sabóid Lá le scíth a ligean agus le Dia a mholadh. Do Chríostaithe, is ar an Domhnach a bhíonn an tSabóid. Dé Sathairn a bhíonn i gceist leis na Giúdaigh agus do na Moslamaigh is é an Aoine an lá beannaithe.

Sagart Ceannaire spioradálta a mbíonn an chumhacht aige go minic searmanais reiligiúnacha a stiúradh nó a dhéanamh.

Sacraimint Gníomh nó imeacht nó ócáid reiligiúnach a chuireann grásta Dé orthu siúd a bhíonn páirteach.

Scrín Áit bheannaithe a bhfuil baint mhór aige le rud éigin nó duine éigin naofa.

Scrioptúr Na téacsanna scríofa nó leabhair naofa atá ag creideamh ar bith.

Searmanas Imeacht reiligiúnach a chuirtear ar siúl ar ócáid speisialta, go minic ar bhealach an-fhoirmeálta agus casta.

Seirbhís An ceol, na paidreacha, na nósanna agus na deasghnátha a bhíonn ann nuair a thagann daoine le chéile le Dia a adhradh.

Seva Sa chreideamh Saíceach, an obair a bhaineann le cúnamh a thabhairt do dhaoine eile, daoine bochta go háirithe.

Siach (Shiite) An dara traidisiún is mó sa chreideamh Ioslamach. Ní ghlacann siad leis na Cailifí mar phríomhcheannairí Ioslaim. Creideann siad gurbh é Ali, col ceathrar Mhahamad, a lean an fáidh mar cheannaire ar an gcreideamh.

Sinsear Duine muinteartha leat a mhair i bhfad ó shin, sular tháinig do Mhamó is do Dhaideo ar an saol.

Siombail Rud éigin is féidir a fheiceáil, a úsáidtear le rud nach féidir a fheiceáil (smaoineamh, cuir i gcás) a thaispeáint, nó a mhíniú, nó a chur in iúl.

Soiscéil Sa chreideamh Críostaí, na leabhair sa Tiomna Nua a scríobh Lúcás, Eoin, Matha agus Marcas, ag cur síos ar bheatha Íosa.

Spiorad Neach nó fórsa osnádúrtha – creideann go leor daoine go bhfuil spioraid timpeall orainn i ngach áit.

Stupa Teampall Búdaíoch. Nuair a tháinig an stíl ailtireachta seo go dtí an tSín, athraíodh é beagán leis an pagoda a dhéanamh.

Sunnaíoch (Sunni) An t-ainm atá ar an traidisiún is mó sa chreideamh Ioslamach. Nuair a fuair an fáidh Mahamad bás, bhí scoilt, nó titim amach ann i measc na Moslamach faoin duine a bheadh mar cheannaire uaidh sin amach orthu. Chreid na Sunnaíocha gurbh iad na cailifí ba chóir a bheith i gceannas. Creideann siad gurb iadsan an fíor-lucht leanúna atá ag Mahamad (Féach thuas chomh maith Siach)

Taise Rud éigin a bhain le duine naofa, fiacail nó cnámh, cuir i gcás, a dtugtar an-ómós do.

Teampall Teach Dé, áit a dtagann daoine le chéile le Dia a adhradh

Theravada An t-aon cheann de na seanghrúpaí nó scoileanna Búdaíocha atá fós ann, go háirithe i Srí Lanca, sa Téalainn agus i Maenmar. Creideann Búdaithe Theravada san fhreagracht phearsanta atá ar gach duine.

Traidisiún Nós nó cleachtadh a chuirtear ar aghaidh ó ghlúin go glúin.

Troscadh Imeacht gan bia, nó gan cineálacha áirithe bia, ar chúiseanna a bhaineann le creideamh.

Wudu Sa chreideamh Ioslamach, an níochán a dhéantar le réiteach do phaidreacha an lae.

Innéacs

Creidiúintí

Ba mhaith leis na foilsitheoirí buíochas a ghlacadh leo seo a leanas faoina gcaoinchead a gcuid grianghrafanna a chur i gcló:

Eochair: u=uachtar; í=íochtar; l=lár; c=clé; d=deis.

akg-images: 42fl, 57ll, 62ud; Gerard Degeorge 68íd; Suzanne Held 74c; Erich Lessing 61íd; Jean-Louis Nou 25íc; Alamy: allOver Photography/TPH 57íd; Paul Doyle 35ld, 36lu; Fotofusion Picture Library/Christa Stadtler 69íd; Sally & Richard Greenhill 4ud, 62ld, 67ld; Image Solutions 30f; Israelimages/Israel Talby 4ul, 43ud, 50ul, 51c; Norma Joseph 25íc; Lucky Look/Thore Johansson 56ud; Steve Outram 58ud, 59uc; Gabe Palmer III 8d; ReligiousStockOne 59d; Anders Ryman 4ul, 55ud; Janine Wiedel Photo Library 69uc; World Religions Photo Library/Osborne 41íl, 60l, 67ud; www.jpsviewfinder.com/photo by Jean-Philippe Soule 74íd; ArkReligion.com: Jon Arnold 43íc; Dinodia Photo Library 12lc, 76d, 77f; Itzhak Genut 45ld; Chris Rennie 6uc; Helene Rogers 3bd, 14bd, 15íc, 17lc, 32íl, 32ud, 34fl, 36fl, 45l, 45fl, 47ld, 48íl, 55ld, 58ld, 71bd; Trip 65í, 71íc; Bob Turner 17bc; Bridgeman Art Library: Camerapahoto Arte, Venezia 42c; British

Library: Add. 5589 f.111 6íc; Corbis: Paul Almasy 7íc; Nathan Benn 72; ChromoSohm Inc/Joseph Sohm 60íc; Dennis Degnan 50íd; Owen Franken 7íd, 51uc; Free Agents Limited 29f; Michael Freeman 12l, 25íd; Gallo Images/Luc Hosten 48ld; Farrell Grehan 1; Lindsay Hebberd 14ld, 18l, 19ud, ld, 31ud, l, 53ul, 73fl, 76c; Robert Holmes 20íc;Angelo Hornak 76íc; Jeremy Horner 18l, ld; Earl Kowall 73íc; Earl & Nazima Kowall 9ud; Charles & Josette Lenars 8íc; Chris Lisle 24lc, 28íl, 76íc; Craig Lovell 19íd; Stephanie Maze 53f; John & Lisa Merrill 6íc; Milepost 9 /Colin Garratt 62uc; Richard T. Nowitz 45íd, 47íd, 48íc; Christine Osborne 8ul, 63ud; Caroline Penn 23ud; Mark Peterson 49c; David Pollack 10íc; David Reed 49ud; David Samuel Robbins 22uc; Royalty-Free 12íc; Anders Ryman 24íc; Ariel Skelley 56l, 57ld; Roman Soumar 34uc; Ted Spiegel 8íc; Penny Tweedie 8c; David H. Wells 48uc; Corbis/Reuters: 52íd; Gopal Chitrakar 3ul, 12ud; Amit Dave 15f; Zainal Abd Halim 71uc; Dipak Kumar 37uc; Savita Kirloskar 73d; Yoriko Nakao 27ud; Ajay Verma 41íd; Corbis/Sygma: Jacques Langevin 33ud; Desai Noshir 6ud, 35t, 39l, 40f; Patrick Robert 61d; DK Images: British Library 68c; British Museum 22l; Burrell Collection, Glasgow Museums 52ud; Judith Miller / Ancient Art 46ld; St Mungo, Glasgow Museums 12ld, 12íd, 38fl, 63c; The Museum of London 63uc; Empics/EPA: 26ul, 35l; Eye Ubiquitous/Hutchison Library: 64uc; Nigel Howard 28uc; Liba Taylor 51ud; Gamma/Katz: Remi Benali 31íd; Gantier Marc 74ud; Wallet Patrick 20d; Job Roger 53ud; Koren

Ziv 77c; Getty Images: Lonely Planet Images/Juliet Coombe 42uc; Photographer's Choice/Angelo Cavelli 26c; Uriel Sinai 44íd; Chung Sung-Jun 27c; Taxi/Gavin Hellier 13f; The Image Bank/Yann Layma 75íc; Ami Vitale 71l; Getty Images/AFP: 14l; Anatolian News Agency 7ud; Jimin Lai 69ud; Karim Sahib 62íc; Gent Shkullaku 58f; Getty Images/Stone: Andrea Boher 21ud; Bushnell/Soifer 46uc; Rex Butcher 75d; Sylvain Grandadam 74l; Robert Harding Picture Library: Gavin Hellier 3tl, 23uc; Magnum: Bruno Barbey 30l, íd, 54ld; Panos Pictures: Jean-Leo Dugast 25t; Mark Henley 70f; Ami Vitali 17ld; Powerstock: age fotostock 17uc; Reuters: Munish Byala 37ld; Kamal Kishore 41uc; Gil Cohen Magen 44ud; Manish Sharma 36íd; Yun Suk-bong 27c; Rex Features: 66f; Stefano Caroffi 34íc; Sipa Press 70ud; The Travel Library 30l; Peter Sanders Photography Ltd: 64í; Still Pictures: Hartmut Schwarzbach 29f; David Towersey: 52ll, 55ll, 58l; World Religions Photo Library: 13ud, 16ud, 33ul, 36íc; 38íd, 39ul, ud, 40ld, 54lc, 60íd, 73uc; Gapper 26fl, 51íd, 61l.

Gach íomhá eile: © Dorling Kindersley
Tuilleadh eolais: www.dkimages.com

Ba mhaith le Dorling Kindersley buíochas ar leith a ghlacadh le:
John agus Anne Angood, Xenophon Ankrah (60íd), Michele Gordon, Harrington Hill Primary School, Matilda Marks Kennedy School, Selwyn Primary School, Roma Sheen, Rajesh Shrestha (24íd)